U0474447

有内容、有力量、有深度

把话说到点子上

陈建伟◎著

民主与建设出版社

图书在版编目（CIP）数据

把话说到点子上 / 陈建伟著 . — 北京 : 民主与建设出版社，2017.3

ISBN 978-7-5139-1432-1

Ⅰ. ①把… Ⅱ. ①陈… Ⅲ. ①语言艺术－通俗读物 Ⅳ. ①H019-49

中国版本图书馆 CIP 数据核字（2017）第 051006 号

把话说到点子上

BAHUASHUODAO DIANZISHANG

出 版 人	许久文
著　　者	陈建伟
责任编辑	郎培培
装帧设计	润和佳艺
出版发行	民主与建设出版社有限责任公司
电　　话	（010）59417747　59419778
社　　址	北京市海淀区西三环中路 10 号望海楼 E 座 7 层
邮　　编	100102
印　　刷	大厂回族自治县彩虹印刷有限公司
版　　次	2017 年 5 月第 1 版　2018 年 6 月第 3 次印刷
开　　本	710mm × 1000mm　1/16
印　　张	14.5
字　　数	132 千字
书　　号	ISBN 978-7-5139-1432-1
定　　价	38.00 元

注：如有印、装质量问题，请与出版社联系。

前言

说话，不客气地讲，三岁小孩都会，尴尬的是，很多成年人的说话水平竟然连三岁小孩都不如。之所以如此，主要有两点原因：成年人在说话时要么无心，故而说出来的话无味；要么有意，但说出来的话依然无情。当然，小孩在说话时也经常会犯一些语法、逻辑上的错误，甚至说些童言无忌之类的尴尬话，但成年人多会去包容、理解。然而，对于无论在经验上还是在智慧方面都臻于成熟的大人而言，话没说到位，那就是错了，很少有人会为你的错话埋单，更别提让那些被你的话伤害的人买你的账。

无心而无味多因无知，有意还无情多因无方。无知也好，无方也罢，它们的结症往往在于不能把要表达的意思说到点子上。有些人可能觉得能不能把话说到点子上是一件无所谓的事情，我不排除他们这种观点的正确性，因为当一个人一无追求，二无原则时，任何有助于他提升能力的行为都是荒诞的。这种情况就如同给燕雀讲鸿鹄之志，给井底的青蛙讲奔腾的长江大河。还有一些人不擅长讲话，总觉得自己在说话的艺术性、技巧性方面缺乏灵性，我同样不排除他们这种观点的正确性。因为把话说到点子上的能力亦如同人身上诸多其他的潜力一样，你对它的自信心越强，它的爆发力也就越大；你对它的自信心越弱，它的爆发力也就越小。所以，你觉得可以把话说到点子上，你是对的；你觉得自己永远无法把话说到点子上，你也是对的。

如果回味一下周边的人物或者翻阅古今中外的历史，很容易就会发现，不把话说到点子上，轻则影响效率，伤害感情，重则有可能危及生命。反之，那些会说话、擅长把话说到点子上的人，小则在人前春风得意，大则在国家社稷方面扭转乾坤。正面的例子古有苏秦、张仪游说诸侯变战国格局，诸葛亮劝说孙权促三足鼎立；今有奥巴马凭借出众的口才问鼎总统宝座。反面的例子可以从每个人身上发现，因为每个人都有说错话、得罪人的时候。或许，也正因为如此，可以给那些自认为在说话方面缺乏灵性的人一丝曙光，因为没有谁的口才是天生的，想要把话说到点子上，除了岁月的磨砺、挫折的启迪之外，还需要一颗勤学好问的心，多向他人请教，从书本中感悟。

把话说到点子上是一门艺术性很强的学问。用初学者的心态对待这门学问，乐趣无穷；用好奇的心钻研这门学问，动力十足。做到这些，你会发现，改变的不仅仅是自己的说话技巧，还有你那或许已经看腻了的人生风景。

CONTENTS

目录

第十章 能言巧辩，让对方心服口服

第十一章 攻守有方，天下没有谈不成的事

第十二章 话是软实力，说靠硬功夫

Chapter 1

第一章
话不在多，点到就行

柴有纹理，劈不对纹，人受罪；话无锋刃，说到点上，嘴杀人。劈柴貌似简单，但能劈出效率的寥寥无几；说话看似不难，但能说到点上的也屈指可数。很多人不重视说话的艺术或者误解了说话的点，结果啰啰唆唆、语无伦次。到最后，当自己左右树敌、事业沉闷、情绪低落时，也不清楚问题出在哪。相反，那些重视说话技巧，也经常能够把话说到点上的人，办事高效，左右逢源，人生处处充满机遇。

话不在多，点到就行

唐朝诗人刘禹锡在《陋室铭》中写过这样一句话："山不在高，有仙则名；水不在深，有龙则灵。"人们常说，名人说的话就是名言，但至少这句话能够流传至今，绝不仅仅因为他是一个名人说的，更重要的是，它道出了人们生活中的部分真理。既然是真理，自然放之四海而皆准，所以才有了和本节主题遥相呼应的巧合：话不在多，点到就行。但凡对说话有点常识性认识的人，应该一眼就看出了这句话的真谛，但问题也会接踵而来：说话的"点"是什么？它在哪里？我们该如何去找？

在回答这几个问题之前，我们不妨先来看下面这个故事。

有个人过生日请客吃饭，看时间已经过了，还有一大半的客人没到，便焦急地说："怎么回事，该来的还不来？"几个敏感的客人听到后，心想：该来的没来，那我们是不该来的了？于是，他们就悄悄地走了。

主人一看走了几位客人，更着急了，便说："怎么不该走的客人反倒走了呢？"剩下的客人一听，又想：走的是不该走的，言外之意就是这些没走的倒是该走的了！于是，他们也走了。

最后剩下一个跟主人关系较亲密的朋友，看到这种尴尬的场面，就劝道："你说话前应该先考虑一下措辞，否则说错了，就收不回来了。"主人感觉有点委屈，忙解释说："我并非叫他们走啊！"

朋友听了很生气，说："不是叫他们走，那就是叫我走了。"说完，头也不回地离开了。

仔细揣摩故事中这位主人的话，便会发现，他的话并非没有"点"，只是说话的对象、时机、口气都不对，反而成拙了。比如第一句话如果让没来的那些朋友听到，第二句话如果让那些第一波走的客人听到，心里面都会比较舒坦，但是他的话到最后都成了"马后炮"。

可见，说话如果不讲技巧，出口不够谨慎，没有顾虑到听者的立场，就很容易在无意中伤害别人，产生一些不必要的误会。如果说这个故事讲的是"言者无心，听者有意"的道理，那下面这个故事可谓"言者有意，听者有心"了。

当年，吕布被曹操所擒，念其武功绝世，欲为己所用，遂向一旁的刘备征求意见。刘备考虑到若吕布归顺曹操，不利于自己日后一统天下，便建议处死吕布。此时，刘备原本可以列举出很多吕布的劣迹恶行，但他只说了一句话就达到了目的。他说："公不见丁建阳、董卓之事乎？"这句话的厉害之处就在于，它不仅道出了吕布反复无常的秉性，很难成为其心腹，同时也刺激到了曹操多疑的性格，结果就必然坚定了曹操杀吕布的决心。

刘备从来都不是我们印象中那种能言善辩的智者代表，但仅此一例就足以体现他作为人君的强者智慧。首先，我们必须明确说话人的目的。以刘备为例，便是劝说曹操处死吕布。其次，我们还要明确听者的喜好或者特征，这样一来，说出来的话才可以投其所好或者直指人心。在这个例子当中，刘备准确抓住了曹操多疑的性格特点，但是他并没有说出吕布将来有可能会对曹操不忠的猜测，而是巧妙搭建了一个让曹操自己意识到这一猜测的心理暗示。明示与暗示哪个威力更大，想必大家的心中已然自明。最后，我们还要选好说话的素材，比如刘备用到的就是吕布不忠的两个赤裸裸的事实。君为臣纲，而忠又乃君臣关系的核心纽带，其他环节有瑕疵尚可讨论，但如果做不到忠诚，几乎是无药可救。

通过以上分析可以看出，刘备说话的点抓的就是吕布的不忠。这个点既在吕布的身上，同时也在曹操多疑的性格中，而刘备所做的就是把这个点放大，并混为一谈让大家都看到，从而达到自己的目的。为了验证这一观点，我们不妨借助想象力做一个大胆的假设：如果刘备和曹操的位置互换，而且刘备也问曹操同样的问题并得到了相同的回复，那么刘备是否会坚持杀吕布呢？结局当然是靠猜的，但不妨分析一下刘备的性格，看看我们猜刘备不杀吕布的可能性有多大。

通过刘备三顾茅庐的故事，就可以看出他对人才的态度，这也绝非曹操这样的富家子弟可以比拟的。吕布擅长骑射，膂力过人，被称为“飞将”，而且在各种民间艺术的演绎中，向来也是以“三国第一猛将”的形象存在于人们的心目之中，所以在武功方面，吕布绝对是当时一等一的人才。如此良将，刘备岂能一杀了之？再者，刘备向来以汉室正统自居，而且倡导以德服人，所以对于吕布过往的不忠行为，多会采取宽容的态度，或者将其转嫁为丁原、董卓等人的不义。如此推测，即便是同样的故事情节、同样的语言环境，刘备不杀吕布的可能性也比较大。

针对不同的人和事，说话的点子也会因为对方的性格、兴趣以及说话的时机、环境、表达方式、角度等而有所不同，但这并不意味着寻找“话点”就是一件困难的事。只要善于用眼观察、用耳倾听、用心体悟，寻找话的点子还是有规律可循的。在心里面不要把说话当作一件很随意的事情，而应把它当成一种技能去训练，并在日常生活中注重语言的学习和积累，只要“话点”到位了，说话的水平自然水涨船高。

情感有时比道理更有理

作为西方文艺史上最杰出的作家之一，莎士比亚在洞察人性方面的深邃眼光同样值得敬佩。比如，在对男人和女人特征的看法方面，他有过这样的言论："要和一个男人相处得快乐，你应该多了解他而不必太爱他；要和一个女人相处得快乐，你应该多爱她，却别想要了解她。"如果遇到比较较真的女权主义者，这样的言论无疑会被列入不受欢迎的名单，但是，这句话给了我们在说话方面的一个很重要的启迪：情感有时比道理更有理。

焦锐是一个经验丰富的司机，虽然没上过几年学，但口才很好，也很喜欢同人辩论，而且通常他都能在辩论中胜出。凭借对汽车非常熟悉这一特长，他后来做了汽车推销员，但很长一段时间都没有卖出一辆汽车。焦锐十分困惑，不清楚问题出在哪里，就向销售培训师求教。培训师看了他的推销过程，立刻发现他的问题所在：不管对方是谁，只要说出了不符合自己心意的话，就当场反驳。

随后，培训师对焦锐说："毋庸置疑，你是一个很优秀的辩论家。从你得意的眼神中也可以看出来，你对自己的口才也相当满意。但是，我只想问，你的脑子有病吗？"

焦锐脸上的得意瞬间转变为愤怒，当时就准备发作。培训师挥了一下手，打断了他，然后严肃地说："我说错了吗？你是想要和我辩论吗？但是焦锐，我告诉你，我不想和你辩论，也没必要和你辩论。我只想说，你错了。”

焦锐又想发言，培训师再次挥手打断了他：“你先不要说话，现在听我说，因为我能告诉你，你的问题出在哪里；我能教你，该怎样做才能出单。”

焦锐的脸憋得通红。培训师看着他的眼睛，大声说：“请问，你为什么要与有意购买汽车的人发生争执并激怒他们？请问，这样做对你有什么好处吗？你赢了辩论，感觉很得意吗？你的业绩是零，有什么好得意的呢？你是否知道，你的目的是说服他们，而不是和他们争吵！”

被销售培训师一顿抢白，焦锐无话可说。这时，培训师才缓了口气，平心静气地说：“焦锐，你现在是否觉得胸口发闷，很不爽呢？这就是在辩论中失败后的感受，也就是你的那些客户的感受。你能体会到吗？如果你能体会到，那么就应该明白，你最需要的不是学习如何讲话，也不是如何表现你的口才和辩论技巧，而是学会保持谦恭，管好自己的嘴巴，不要和任何人发生口头冲突。想一想，是不是这样？”

讲完这些，培训师对焦锐进行了一些指导。焦锐随即对自己的行为进行了调整和改进，很快就出单了。

连续12年平均每天销售6辆车，至今仍无人可以打破汽车销售记录的保持者乔·吉拉德在总结自己的销售秘诀的一本书中说：“我不是卖汽车的，我从来没有卖过汽车，我卖的是我自己。”他说的“卖自己”并不是指一流的口才，而是热情、微笑等可以和顾客迅速建立感情的软实力。

仔细观察一下我们周围的人和事就会发现，那些每次跟女朋友吵架总是赢的人，到最后往往会成为“单身狗”。为什么会这样？只要不傻的人应该都会明白，吵赢了对方，不代表说服了对方；在言语上说赢了对方，也不代表在心理上征服了对方。所以，只要足够明智，就不要与对方争吵，特别是在涉及亲人、朋友以及恋人的时候。

共同点，很重要

在日常生活中，我们经常会遇到这样的人：和熟悉的人在一起聊天，天南海北，滔滔不绝；遇到陌生人，就变得笨嘴拙舌、语无伦次。从心理学的角度讲，这和一个人的性格有关，但从口才学的角度去观察，这其实是一种不会说话的表现。

同陌生人交谈困难与否，重点不在于双方的关系、各自的性格或者彼此的身份，而在于能否快速、有效地挖掘出共同点。这个共同点可以是兴趣爱好，也可以是工作、专业、家乡等。只要找到了和陌生人的共同点，就相当于找到了话点，接下来的谈话也就很容易走上正轨。

王女士到医院就诊，坐在候诊大厅里正闲得无聊，这时邻座的一位大姐因为视力不太好，让王女士帮忙看屏幕上面的一个数据。刚没说几句话，大姐就好奇地问："你是来看什么病的？听口音不像本地人，老家是哪里的？"当得知王女士是大连人时，便很高兴地说："大连很美，我以前出差去过几次……"王女士也问道："那你在什么单位工作呀？"于是，她们便亲切地交流起来。等到就诊时，她们已是熟悉的朋友了，临走时，还互邀对方到自己家里做客。

这种融洽的聊天效果，表面上看是偶然的，实际上也有其必然的原因。只要善于观察，发现彼此的共同点，交谈就会顺畅地进行。

楠楠刚到公司上班，心里面有点紧张，和同事打完招呼，接下来就不知道该聊什么了。中午吃饭时，同事爱玲特别热情地和她聊了几句，突然问道："楠楠，你是财大毕业的吧？"

楠楠惊奇地说："是呀，你是怎么知道的？""你的手链很漂亮，而且是自己DIY的。去年财大的女孩特别流行这种DIY样式的手链。看，我手上也有一个几乎和你一样的手链。我也是刚从财大毕业的。"爱玲一口气说出了原因，还炫耀了一下自己手腕上的手链，确实和楠楠的非常像。

知道了她们是校友后，楠楠的拘束感立刻就消失了，而且和爱玲也越聊越投机。

无论是在工作还是在生活中，只要善于思考，掌握正确的方法，选对角度，找到共同点并不难。比如一位老师和一位泥瓦匠，貌似很难找到共同点，但是如果这位泥瓦匠站在学生家长的角度，二者就可以就子女教育这一块交流看法。我们常说："生活并不缺少美，只是缺少发现美的眼睛。"同理，人与人之间并不缺少共同点，只是缺少发现共同点的方法与技巧。人们常用的发现共同点的技巧有察言观色、以话试探、听人介绍、探索揣摩等。针对不同的人，遇到不同的场合，采用灵活的方法，找到共同点，与陌生人无话可讲的局面自然就不难打破了。

不可不知的说话技巧

随着科技的发展、社会的进步，人类沟通交流的方式也越来越多元化，如发邮件、聊微信、写贺卡等，但其中最直接、最常见的还是面对面的谈话。有技巧地谈，有原则地说，这样才不会得罪人，自己的交际圈也才会越来越旺。下面就介绍几个常用的交际技巧。

1. 乐道人长，莫揭人短

有个女同事和男同事聊天，闻到对方嘴里有怪味，便口无遮拦地说：“你有口臭，闻起来就像是死鱼的味道。”男同事的脸顿时涨得通红，从此对她敬而远之，态度冷淡。事后，女孩非但不汲取教训，还抗议道：“我只是开个玩笑罢了，再说，我也不是无中生有。”

在现实生活中，往往一句不中听的话，就可以把人和人之间的距离拉得很远，感情也会随之变淡。乐道人长，并非虚伪的表现，反而是爱揭人短的人，除了于无形中暴露了自己的不成熟，还在不知不觉间与人群有了隔阂，说自讨苦吃也不为过。

2. 逢人减岁，遇物加钱

一般情况下，成年人对自己的年龄都比较敏感，特别是一些比较时尚的女性。如果我们在说话的时候，能够巧妙把握成年人的这种心理，便会让自己的语言赢得讨人喜欢的广袤市场。

在具体运用“逢人减岁”这一技巧时，最好将对方的年龄按实际年龄打个七折，因为九折所产生的作用甚微，五折又太夸张，所以，七折是最合适的。当然，这种技巧只适用于成年人，特别是中老年人。如果我们面对的是儿童或少年，“逢人添岁”反而会更好，因为这更符合他们渴望长大的心理。

“遇物加钱”同“逢人减岁”的道理相似，就是在品评别人购买的物品时，对其价格做人为高估。在人们的心中，能用“廉价”购得“美物”，是善于购物者的特征，也是精明人的象征。所以高估对方所购物品的价格，正好迎合了对方的这种心理，对方自然会高兴。

逢人减岁也好，遇物加钱也罢，说白了就是投其所好。但是只要目的光明，行为磊落，谁会在意这种“无害的阴谋”“美丽的错误”呢？

3. 非礼勿言，点到为止

平日朋友们聚在一起，难免开一些粗俗的玩笑，说些敏感的话题，但越是在这种情况下，越是要谨慎。

小李在一对新人的婚礼上对他们说：“在你们‘性’生活开始的时候，敬你们一杯。”这时，旁边有人插科打诨说：“是新生活，不是性生活。”小李忙道歉：“我普通话说得不太好，‘性’和‘新’不分。”旁边的一对新人羞得满脸通红，许多年长者也露出不悦之色。

类似这样的玩笑是有点过了，不过，开些无伤大雅、点到为止的玩笑还是可以的，往往还会增加一些情趣。比如，一群姐妹到新婚不久的好友家中看望，临别时，新人一再挽留多坐会儿，其中一个女孩说：“挺晚了，别耽误你们休息。”说得其他姐妹哄堂大笑，打闹着冲出新人的家。新娘、新郎非但不会对此反感，反而会有一种莫名的情愫涌上心头。

适可而止，不要啰唆

“能管住自己的舌头是最好的美德，而善于约束自己嘴巴的人，会在行动上得到最大的自由。”这便是古印度哲学家白德巴向我们传达的处世智慧，现在人们称其为白德巴定律。不管是用“常在河边走，哪有不湿鞋”的道理来论证言多必失的客观性，还是用“物以稀为贵”的逻辑来解释多说无益的科学性，啰唆都是人们心里排斥的说话方式，也是白德巴定律的逆向应用。

心理学家曾经为说话啰唆的人列举了7个典型的特征，分别是：

（1）抢别人的话或者打断他人的谈话，希望整个谈话能够以“我”为重点。

（2）因为自己注意力分散而要求别人重复说过的话题，或者不记得已经说过而一再重复。

（3）像机关枪一样不断表达自己的意见，让人难以应付。

（4）随意解释某种现象，轻率地下结论，以表现自己是内行。

（5）说话不符合逻辑，并随意地从一个话题跳到另一个话题，令人难以领会他的意图。

（6）不合时宜地强调某些与谈话主题风马牛不相及的事物，东拉西扯。

（7）感觉自己说的比别人说的更为重要、有趣。

仅仅有热切的交谈欲望是远远不够的，毫无技巧的谈话只会给人带来烦恼，并不会增进彼此的友谊。很多人想当然地认为，话多的人更容易在社交圈子里成功。事实上，言不在多，贵在精。那些信口开河、滔滔不绝讲话的人，无论走到哪里，谈话对象是谁，都未必会受到别人的欢迎。

有一位初涉外交领域的官员带自己的太太去应酬，可他的太太在那里总感觉很别扭。她来自小地方，没见过大世面，面对满屋子口才奇佳、曾在世界各地游历过的人，便拼命地找话题和他们聊天，不想只听别人说话。结果，大家都开始疏远她，没人愿意再和她交流。

后来的某一天，这位外交官的太太向一位讲话不多但深受欢迎的资深外交家吐露了自己的困惑。外交家说："你应该学会约束自己的嘴巴，没什么可讲时，就不要勉强自己。多听别人说话不是很好吗？相信我，会聆听的人同样会受到欢迎。"

西方有句谚语："别让丛生的杂草掩盖了你要种的鲜花。"有针对性的讲话就是高贵的鲜花，而盲目的啰唆便是那廉价的杂草。说话时，不要刻意雕琢文字，并且尽量抛掉那些造作的词汇，把语言表达得自然、顺畅即可。世界著名演讲家弗尔特曾经说过："你应当时常说话，但不必讲得太长，少讲述故事，除了真正贴切而简短之外，不讲为妙。"相关语言学家的研究资料也显示，人的话语在45秒以内最容易理解，最长也不要超过1分30秒。因为1分钟讲的话里面大约有280个字，45秒讲的话里面也有200个字。超过这个限度，人听着就会觉得冗长，超过2分10秒，就会更难理解。因此，简单扼要的话语是一语中的、赢得他人侧耳聆听的基础。

美国前总统亚伯拉罕·林肯在葛底斯堡发表的演说，是美国历史上被人引用得最多的演说。事实上，当日被视为"葛底斯堡演说"者并非林肯总统，而是爱德华·艾佛瑞特。艾佛瑞特那场如今已经很少被人提起的13609字的演讲是这样开头的：

“立此晴空下，眺及四野，静谧自己逝年代之劳苦，伟大之阿尔根尼山脉耸立，隐朝我等，以及脚下诸同志安息之处；以我卑微之声破上天动人之岑寂，实感踌躇。然则奉各位之召，其责无可辞卸，其以尔之悲悯，应我祈求。”

2小时后，以此作结：

“然我坚信，其将同我等齐声传颂，共禀烈士之骸：遍探已开化之世间，凡传颂此役赫赫功勋之处，下及信史之尽头，于我等共享之国，煌煌之史中，再无他页较葛底斯堡一役更为灿烂。”

随后，亚伯拉罕·林肯总统只讲了2分钟。

论辞藻之华丽，林肯的演讲自然无法与艾佛瑞特的并论，但是人们对艾佛瑞特这个名字早已无印象，而林肯总统的不过500字的演讲，却作为美国历史上最伟大的演说之一流传至今。

对症下“药”，才有“疗效”

田甜在一所中学当高中一年级的政治老师，同时兼班主任。刚开学没多久，她发现很多学生还无法适应高中的生活。因为她刚生完宝宝，便决定用自己的亲身经历来教导一下自己的学生：“你们可能不知道，刚出生的婴儿初次吮吸母乳，往往会出现腹泻的症状。一天2～3次或者多达7～8次不等，其实这就是一种正常的生理性腹泻，父母不必过于担心。随着孩子慢慢长大，这种现象会自动消失。你们刚从初中进入高中，生活方式、学习方法可能都会和以前不一样，肯定会有一个适应过程。就像婴儿的这种生理性腹泻一样，你们的不适应也是一种正常现象。因此，大家不要心急，过段时间，自然都会好起来的。”听完田老师的教导，下面的学生一脸茫然。

刚成为母亲的田老师对婴儿的事情自然十分了解，也很感兴趣，但那些刚刚进入高中的学生，谁会对这个事情感兴趣呢？田老师用自己的亲身经历来教导学生，这本身没有错，但是忽略了学生的爱好与需求，造成的结果就是对牛弹琴，毫无效果。我们教导的目的是为了把话说到对方心里，所以，一定要选择对方感兴趣的话，做到对症下药。

有位事业蒸蒸日上的艺人受某传媒公司老总的邀请给自己的员工做一场励志方面的演讲。了解到这些员工的年龄大多都在30～40岁，这位艺人便这样讲道："我的一位朋友，年龄和大家都差不多，也是上有老下有小的状况。去年，他的母亲得了癌症，医生建议化疗。化疗有两种方案：一种是用进口药，一针2万，副作用小；另一种是用国产药，一针1000多，可以用医保，但副作用比较大。我的这位朋友虽然很孝顺，但经济基础不行，就决定用国产药。半年后，化疗没效果了，医生又出了两种方案：一种是通过吃中药进行保守治疗，但会疼到死；另一种是通过国外的靶向药物进行治疗，每天一片，每片1000，全部自费。为了化疗，朋友已经花光了自己的积蓄，这次，他只能眼睁睁地看着母亲被痛苦地折磨着，还哭着跟我说：'我现在真是太后悔了，当初不该贪玩，要是多挣点钱，多存点钱，母亲也不会遭受这个折磨了。'"一段话说下来，在场的人都深受感动。

如果这个艺人的演讲是给在校的大学生讲的，肯定不会起到什么震撼的效果，因为他们都还年轻，父母也都很健康。30～40岁的人就不同了，他们已经开始接触父母年迈、体弱多病的残酷现实，听到这样的演讲便能够感同身受。能让对方感受到切肤之痛，自然算是对症下药。

自2013年"雾霾"成为年度关键词以来，其话题的热度从来就没有减弱过，特别是在像北京这样的"重灾区"。有位学者受邀来北京做学术报告，说道："早上起来推开窗户，发现北京消失了。第一次来北京时，我还和朋友开玩笑，偶尔在雾霾天里呼吸一些充满了酸甜苦辣的空气，也是一件蛮好玩的事情。朋友听完，并没有笑，我还嫌他们不懂幽默。今天早上真正见识了雾霾之后，特别是看微信朋友圈里调侃雾霾的段子和玩笑时，我突然感觉自己没有一点想笑的意思，反而觉得大家都有点冷血。雾霾在短期内可能对人的影响不大，但待在雾霾中时间久了，人均寿命就会打折。英国工业革命时期，也是伦敦雾霾最严重的时期，当时的人均寿命创下了英国历史上人均寿命最短的纪录。高房价或许影响的只是部分人，但雾霾，谁又能躲避呢？"听完学者在学术报告前的这段话，听众报以持久而热烈的掌声。

如果在福州、三亚这些空气质量本身就很好的城市讲雾霾，估计没有几个人愿意听。但在北京、石家庄、郑州这样的雾霾重灾区，演讲者只要稍微提到这样的话题，不管观点是否新颖，都会引起热烈的共鸣。所以说，说话要因地制宜，了解听者的身份和兴趣，并以此为切入点选择主题和素材，这样的话才能进入到对方的耳朵里，融化在他们的心里。

总之，没有放之四海而皆准的语言，但会说话、能把话说到点子上的人都是会琢磨听众的高手。先了解对方，再对症下药，效果自然好。

Chapter 2

第二章
赞美的话，要说到别人的心坎里

赞美是我们日常生活中最常用、也最常听的语言。赞美得太假，会让对方陷入尴尬；赞美得太重，会让对方觉得你是在溜须拍马。所以赞美他人身上的优点、亮点时，务必要为其找到一个合适的措辞。一旦我们把赞美的话说到点上了，它就会像初春的好雨一样，随风潜入听者的耳畔，润在对方的心田。有一天，当你需要对方的安慰或其他请求时，就会发现，对方给予你的要么是春回大地般的温暖，要么是骄阳似火般的热情。

赞美中的暗礁

赞美是一种可以走进对方心灵的语言艺术，用得到位了，无疑可以增强感情，拉近关系。但若口无遮拦，任由赞美的语言信马由缰，势必会将好事变为坏事。所以，我们要把握好方向，绕开赞美中的暗礁。

1. 冒犯隐私，玩笑忌讳

在一次宴会上，陆总喝得有点儿多，为了表达对张总的敬意，他举起酒杯说："我提议大家共同为张总的成功干杯！总结张总的工作历程，我得出一个结论：凡成大事者，必须具备三证！"

陆总提高嗓门说："第一，大学毕业证；第二，职业资格证；第三，离婚证。干杯！"

话音刚落，众人一片哗然。张总硬撑着喝下了那杯苦涩的酒。

离婚证无疑是张总的忌讳，他不想让人知道，也不想让人们议论。陆总和他的关系很亲密，却在公开场合这样说，自然会令张总不悦。因此，在称赞与自己关系很好的人时，特别是当着其他人的面，千万不能冒犯对方的忌讳。

2. 无的放矢，盲目比较

张乐和小倩同在北京上班，也是室友。虽然她们从事的行业不同，但平时的关系还算不错。一个周末，小倩把一个加了一晚上班做好的PPT拿给张乐看，原本期望她会给自己提点意见，可没想到的是，正在电脑前和朋友聊天的张乐草草看了不到一分钟，就煞有介事地说道："哇！你做得真棒，你一定是你们公司PPT做得最好的！"看着已经把目光转到电脑屏幕上的室友，小倩的心别提有多失落了。

首先，张乐这样大而空的夸奖并不能给小倩真实的感觉，反而会让小倩觉得她虚伪。其次，如果小倩真的相信了张乐的赞美，便会盲目地认为自己好，而不清楚好在哪里，进而难以形成对事物恰当的判断和分辨能力。所以，遇到类似的情况时，在赞美完后，要有针对性地问几个问题，比如，"这个版面为什么这样配色""那段文字为何要那样组合"，赞美的效果就会很不一样。

3. 沉溺历史，苛刻要求

小亮在一次全校的作文竞赛中得了"特等奖"，他的妈妈满心欢喜，不论时间、不分场合地经常在客人面前表扬小亮，还把他的"光亮前途"挂在嘴上，常对他人说："我们家小亮在全校的比赛上能得第一，以后一定还会在全市的比赛上得奖。"

小亮的妈妈这样做无非有两个目的：一是满足自己的虚荣心；二是为孩子确立一个"高标准"，要求孩子每次都必须达到，否则就算骄傲、退步。此时的表扬、赞美实际上已经成了孩子身上的"包袱"，也是孩子的"紧箍咒"，会给他造成极大的心理压力。

面对孩子取得的成绩，父母如果功利心小一点，问孩子："你能获得这个奖项真不错，还能不能再来一个？""你已经得到了班里的第20名，能不能继续努力，进一步克服不足，超越自己，得到第15名？"夸奖之后，顺着孩子的意志帮他制定一个"高半步"的新目标，这样他就不会停顿下来，也不会失去信心。

4. 以偏概全，“浮夸”无度

劳动课上，老师要求同学们回家帮父母做一件家务事。于是，小强回家后悄悄地整理起爸爸杂乱的书桌。妈妈看到后高兴地说：“强强会做家务了，真是个好孩子。”考试得了第一名，小强挥着试卷给爸爸看，爸爸说：“强强真是太聪明了，将来一定能考上北大。”

从表面上看，这样的赞美对孩子有一定的鼓励作用，可是这种随意的话说多了，会让孩子顺着大人的思路进行推理：我做了一件好事，因此是好孩子；我考了一个高分，因此是聪明孩子。但是，孩子也会按照家长的思路做出“相反”的推理：我如果做错了一件事情，那就是一个坏孩子；我在一次考试中得了低分，就是一个笨孩子。这种“以偏概全”式的赞美，会使孩子错误地把一件事情成败的评价当成对自己整体的评价。过度的赞美，会让孩子错误地认为自己“完美无缺”，以致经不起外界的批评，也经不起失败与挫折。

5. 好话坏说，明褒暗贬

张阳把照顾金鱼和给盆栽小西红柿浇水的任务交给了在他家做客的表弟，可他的表弟不是一天喂2次金鱼就是3天忘了喂食，有时更想不起要给小西红柿浇水。但最近3天，他的表弟却很好地完成了任务。张阳心里虽然满意，嘴里却说：“你终于记住了自己该做的事，真是太阳从西边出来了！明天可别再忘了！”

这样的赞美很勉强，而且隐含着批评，无形中打击了表弟的积极性，会让他觉得好事做了也白做。做事有进步本来是好事，但如果给表扬或者赞美加上阴影，那就是赞美者的不对了。

同为赞美，男女有别

我们都知道，赞美是男女双方表达情感的最佳方式。如果某个男人对一个女人有好感，他可以透过赞美让女方了解自己的心意。只是通常情况下，男人往往用他习惯的方式去赞美女方，而不是用女人习惯的方式去赞美。同样，很多女人也不太清楚该怎样去赞美男人。

经验告诉我们：男人渴望得到感谢，女人更渴望得到爱慕；赞美男人时要间接，赞美女人时要直接。

当男人的某个行动或决定得到女方的感谢时，等于是给了他最高的赞美。比如约会结束后，女方说"电影很好看""晚餐很美味""今晚过得很愉快"，男人会很开心，也很有成就感。

与男人不同，直接的赞美反而最能使女人感到满足，也会令女人感受到对方的尊重和珍惜，从而拉近彼此的距离，愿意做出更多的回应。但男人往往不懂这个道理。其实，最简单的方式就是以正面的形容词直接赞美对方的行为，如"你真是个善良的女孩"，相信女孩听了一定很开心。

如果一个女人赞美男人的手表、汽车或他喜欢的球队，其实就等于在赞美他。女人则不一样，她们更倾向于对方直接赞美她这个人本身。因为这才表示对方很在意她、关心她。

总之，男人和女人之间的思维方式存在着显而易见的差别，这就需要一个人在和异性相处时，要善于抓住对方的思维特征，投其所好。

除了直接赞美与间接赞美这种方法上的区别外，在内容上，男女也各自都有自己的喜好倾向。比如，男人更喜欢听到诸如聪明、有远见、高明等这类理性色彩鲜明的赞誉，而女人更喜欢听到诸如漂亮、时尚、有品位等这类感性色彩鲜明的话语。当然，这并不意味着男人理性、女人感性，但是与女人注重外在的华丽相比，男人更注重内在的成熟。我们在赞美男人的时候，可以从宏观上进行描述，比如他的事业、他的人生等。在赞美女人的时候，应尽可能地将目光瞄准她身上不起眼的、别人很难发现的地方。比如，对于一个精心打扮了一番的美女，别人或许会夸她衣服漂亮、脸蛋漂亮，你可以说："我觉得你的手很纤长，色泽也很红润，手模公司竟然没有发掘你，真是太可惜了。"这样的话，你的赞美即便不是最客观的，但却是最让对方开心的。

在赞美方面，男人与女人的这些差异并非绝对的，具体应用时还需要因人而异，否则胡子眉毛一把抓，吃亏的还是自己。

随时随地向人表达真诚的赞美

在人类的行为中，有一条非常重要的法则，如果我们遵守它，就会万事如意，比如结交很多朋友，获得无限的快乐，等等。可是，如果违背这条法则，我们就会面临各种挫折。这条法则就是：永远尊重别人，并让对方获得自重感。

那么，在现实生活中，该如何实践这条法则呢？最简单有效的办法就是随时随地向他人表达真诚的赞美。

美国现代成人教育之父戴尔·卡耐基曾经讲过这样一个故事：

我在一座无线电商厦里向一位导路员打听舒维尔先生的办公室在哪里。那位导路员穿戴整齐，口齿伶俐地说："舒维尔，（稍作停顿）18层楼，（又稍作停顿）1816号房间。"导路员显然对自己回答问题的方式异常自豪，胸脯挺得笔直，头也高高地抬着。

我走到电梯边上，很快又转了回来，对导路员说："你刚才回答我的方法实在太棒了，为此我要真心地感谢你，并向你表示祝贺。你的回答很清楚，就像一个艺术家，太了不起了。"他听了我的话后，精神抖擞，容光焕发，显然高兴极了。他还告诉我他说话停顿的原因，为什么每句话都会那么准确……你看，我短短几句话就让他如此得意，以至于把头都抬得高高的。我突然有一种感觉，好像那天下午也算是为人类的幸福做了一点有益的事情。

在生活中，家人、同事或朋友的优点，随时都可能展现出来。有的只是一个稍纵即逝的瞬间，有的则只是如昙花一现的美好，所以，一个善于赞美的人应该抓住时机，既奉献了赞美，也赢得了对方的好感。

下班后，看见娇妻已经准备好晚餐，只需深情地望她一眼，说句“真是辛苦你了，看到桌上的饭菜我就饿了”，或者边吃边说“真是太好吃了，有这样会做饭的老婆，我实在太幸福了”，她一定会心花怒放的。倘若等酒足饭饱之后才说句“今天你回来得真早”，还能让对方感受到当时就有的那份真情吗？

虽然每个人都喜欢赞美，但是并非所有的赞美都能使人高兴。能让对方产生好感的赞美必定是那些基于事实、发自内心的赞美。相反，若无凭无据、虚情假意地乱赞一通，对方反而会觉得你莫名其妙、油嘴滑舌。比如，对一位身材、长相都很一般的女孩硬要说“你真是美极了”，对方肯定会觉得你说的是虚伪之言；但如果你能就她的服饰、谈吐、举止加以赞美，她一定会欣然接受。

随时随地向别人表达真诚的赞美，不仅会使被赞美者心里感到愉悦，还可以让自己养成一种经常发现别人优点的习惯，从而使自己对人生抱有更加乐观、向上的态度。正所谓“赠人玫瑰，手有余香”。

采用暗示性赞美，教出优秀的孩子

前面我们讲过，同为赞美，男女有别，事实上，针对大人、小孩，也要采用不同的赞美方式。特别是在教育孩子的时候，应多用一些暗示性的赞美，即便这些赞美很普遍，也往往会起到非常大的作用。

英国著名哲学家、社会学家、教育改革家赫·斯宾塞曾经就家人在教育自己方面经常运用的暗示性赞美，有过一番情真意切的论述。

他说几乎是从自己一生下来，祖母就不断地在他身上“发现”许多特别之处，并总会以自豪的、不加掩饰的赞赏口气说出来。比如：“这孩子一看就不一般，他看东西时总是目不转睛。”“看看这孩子的精力多好，总是手脚不停。”“他天生就很爱干净，只要有一点不干净就会哭。”几乎所有孩子身上都有的表现（当然，这是他后来才知道的），他的祖母都会本能地把它描述为自己孩子非凡的禀赋。由于祖母的这种赞美完全出于本能和爱（或许在她看来，自己的孩子真的是这样），所以这种赞美本身就毫无夸张和掩饰，也让他真的以为自己就是最出色的。

无独有偶，他的母亲也是这样一个人。比如，她常常会说：“看这个孩子，手脚忙个不停，像是在纺线一样。”“这孩子真是不简单，吃这么苦的药竟然一声不吭。”“哎呀！这孩子的力气真大，能拿得起这么重的东西。”结果这种暗示性的赞美被斯宾塞完全接受了，所以他的表现也很出色。

斯宾塞也提到过，母亲和祖母的另一个特点也同样一致，就是对自己的不道德行为往往会大发雷霆，或者结结实实地痛打自己一顿。或许是她们从根本上给予了孩子很高的暗示，所以这种痛打非但不会伤害孩子的自信心，反而会让他变得更坚强。

斯宾塞后来发现，这类女性往往极具教育天赋。她们几乎是本能地把一种积极的暗示和赞美，不断地、自然地传递给孩子，同时又不失其威严。事实上，在这种环境下成长起来的孩子都无一例外地具有优秀的、突出的品质，即使他们失败了，也会很快爬起来，重新开始新的征程。

相反，如果孩子在成长的过程中经常听到来自父亲或母亲的消极有害的暗示，结果会怎样？比如，他们语气低沉地说："我的孩子确实不太聪明。""我的孩子怎么能够和你的相比呢？""唉！笨就笨吧，这也是他的命。"想想，世界上还有比这更让孩子伤心的话吗？（连命运都提前给孩子定好了）特别是这样的话是从自己的父母口中说出来的时候。

结果是显而易见的，有的孩子会过早地失去自信心，有的则会产生强烈的叛逆心理和对环境的仇视情绪，只有随着年龄的增长，他们才能体会到自己身上的力量——尽管它曾经遭到否定。

通过赞美生活中的琐事来达到教育孩子的目的，其实是运用了心理暗示的作用。不管孩子是否有这方面的特长或者是否表现过这方面的品格，只要父母在言辞方面不吝啬自己的赞美，孩子就会在自己心里形成某种暗示，并努力达成父母期望的目标。所以，父母在教育子女的时候，要尽量多用一些积极的、正能量的暗示，也就是我们所说的赞美性的暗示，孩子一定会受益匪浅。

有新意的赞美更美丽

创新对于创业的重要性早已在人们心中形成了某种默契，那么对于赞美而言，它是否也是一种“必需品”呢？答案是肯定的。赞美能否达到预想的效果，一方面取决于你赞美的诚意，另一方面则取决于你赞美的新意。

网络知名女作家彭萦曾经在一篇文章里谈到过自己对赞美的看法，她说曾经听到过的最好的一句赞美是——“你的智商和性格让我越来越惊讶，这甚至影响了我对中国女生的看法，怎么可能在这个年龄就有这种迷人的气质！”她说当初的自己还只是一张白纸，第一次听到这样的赞美，受宠若惊，心想自己怎么能有那么好！很久以来，她一直把这句话放在心里。可是到后来，类似的话听过很多遍，再听到同样的赞美话时，心里想的已经是“嗯，好吧，我知道”。她总结到，如果你能猜测或者推断一个人时常会听到的各种各样的赞美，比如有出众的外表、成功的事业或极高的名望，你就需要注意，不应该只是简单地重复他人的赞美。找出那个人自己都没有发现的闪光点，然后大肆地赞美他，效果会更佳。

同样一句赞美的话，一个人听第一遍可能会觉得很开心，听第二遍就没有那么强烈的感觉了，听十遍之后肯定会觉得腻味。试想有一个闭月羞花般的美女前天听到别人说“好美”，昨天又听到一句“真漂亮”，今天再听到“你真的好漂亮”，她会觉得这根本不是赞美，而是陈词滥调。所以，就像平时吃饭换花样一样，对同一个人的赞美也需要时不时地换一点新花样，从不同角度来赞美对方。

摄影师在为一位女明星拍艺术照，女明星对着镜头貌似有点紧张。摄像师在拍照前几秒钟的时候，对她说："小姐，你的耳朵真是太美了，我从来没有看到过这么漂亮的耳朵。"女明星平日被人夸的地方实在是太多了，早已习惯了各种赞美。但此刻，她还是第一次听到有人赞美她的耳朵，这让她有点喜出望外，顺手含羞地摸了摸自己的耳朵。当她很自然地把手放下时，摄影师的快门也正好按了下去。

摄影师在关键时刻赞美被别人忽视的地方，这一招确实很厉害，取得了"巧言至诚"的奇佳效果。

通常情况下，一个人处在众口一词的赞美中时，一般不会把同一内容的赞美当回事。此时，如果能够找到别人都忽视了的优点来赞美对方，必然容易引起对方的注意。在众人眼里，爱因斯坦是一个伟大的物理学家，很少有人知道，其实，他的小提琴也拉得非常棒。爱因斯坦曾经就说过，如果别人赞美他的思维能力如何超群，如何有创新精神，他一点都不激动，毕竟作为一个享誉世界的科学家，这类话都已经听得有点腻了。但如果有人赞美他小提琴拉得很棒，他一定会心花怒放。

总之，我们要学会寻找和发现别人身上与众不同的地方，这样你的赞美才会更有新意。经常恰到好处又实事求是地赞美别人，别人就会很自然地喜欢你，而你也会更容易赢得人心，当然，这也是你对自己的认可。

赞美是动力，也是生产力

作为一名企业家，如果想让公司的员工发挥最高效的生产力，或者作为一位领导，想让自己的下属发挥最大的潜力，那么表扬、鼓励、赞美都是不可或缺的。要养成表扬、赞美下属的习惯，即便只是极其微小的进步。不要等人做出突出的成绩或者比以前有了很大的进步时再表扬，只要发现任何一点进步，不论大小都不要放过表扬的机会。

1963年，一位名叫玫琳凯·艾施的普通家庭主妇在美国的达拉斯成立了自己的化妆品公司。此后，她凭着坚定的决心、辛勤的工作和无私奉献的精神，将公司从一家小型的直销公司发展成全美最大的化妆品直销企业，玫琳凯也成为美国面部保养和彩妆销售的顶尖品牌。

如今玫琳凯已经是一家业务遍布五大洲超过35个国家和地区、在全球拥有300余万名美容顾问的500强跨国企业集团。鉴于玫琳凯·艾施的杰出成就，美国《福布斯》杂志将她与美国石油大王洛克菲勒、金融大亨摩根、汽车大王福特、软件大王比尔·盖茨等相提并论，并称赞他们是200年来20位企业界最具传奇色彩的成功人物，而她是其中唯一的女性。那么，玫琳凯究竟有什么“秘密武器”呢？

玫琳凯在公司内部制定了一系列运用“赞美”的办法：每一位销售化妆品的美容师，在首次卖出100美元的化妆品后，都会获得一条绸缎作为纪念。公司每年都会在总部的达拉斯会议中心召开一次盛大的年度会议，参加者都是从阵容强大的销售队伍中推选出来的2万多名代表。

会上，成绩卓越的销售员往往穿着代表最高荣誉的“红夹克”上台发表演说，并且还会获得最高荣誉奖品——镶钻石的大黄蜂别针。在公司发行的刊物上，每年都会把公司各大领域中名列前茅的100位精英的名字刊登出来。

有个美容师在前两次展销会中基本上没卖出什么东西，第三次也只是卖出了不引人注目的35美元，但她的上司海伦不仅没有指责她，反而表扬说：“你卖出了35美元的东西，真是太棒了！”海伦的赞美和鼓励给了那位美容师极大的信心，后来，那位美容师终于取得了可喜的成绩。海伦也因为善于运用赞美来激励下属而得到玫琳凯的重用。

玫琳凯后来在回顾自己的成功创业经验时说：“我认为，‘赞美’是鼓励下属的最好方法，也是所有沟通效果中最好的。每个人都需要赞美，只要认真寻找，就会发现运用赞美的机会摆在眼前。”

一个人取得了一点进步就应该予以赞扬，而且要不厌其烦。正像有位名人所说：“我就愿意表扬，而不愿意发现谁有什么毛病。只要我喜欢做的事，就会全身心投入，我在表扬方面显得极为大度。”或许你的财富不能与他人分享，但如果你乐意且懂得衷心地赞扬他人，那么你的精神财富就馈赠给了每个人。

某公司的业绩近年来一直以成倍的速度在增长，许多新闻媒体对此都十分好奇。该公司老板面对众多记者的采访，只说出了一句貌似很平淡的话：“我们只是在员工取得成绩的时候衷心地赞扬他们而已。”

高明的动物驯养师都明白，对动物的任何一点微小的进步必须给予赞扬，可以说些鼓励的话，可以拍一下它的脑袋，也可以给它一点好吃的东西。佛罗里达州海洋世界的驯养员总会在他们的海豹、海豚做完漂亮的表演后给他们一些鱼吃。因为人的感情更细腻，所以人比动物更喜欢被鼓励。如果对动物的每个微小进步都能够做到随时嘉奖的话，为什么不对人也使用同样的方法呢？

如果你经常对下属说“干得好!”“太棒了！”之类的话，你的人际关系肯定会超级棒。因为这句话总能让人乐意为你效劳，特别是当你真心实意地说出这句话的时候。有时你可以加上“多谢了”“太感谢了”，而且说这些话的时候，眼睛一定要看着对方。如果他是值得感谢，他也就值得你去看他。

另外，要及时去发现下属中谁做了需要你道谢的事情。每次说句“谢谢你”，其实就等于赞扬了一次，也是对下属所做事情的赞许。当你可以让人们知道你如何感谢他们时，当你可以为了一些微不足道的事情赞扬他们时，他们就乐意为你做更多的事情。这样的话，你就获得了驾驭别人的能力。

赞美要领要记牢

赞美固然是谁都乐意听，但它同时也是一把双刃剑，既可以增进人与人之间的关系，也能破坏人与人之间的情感。不恰当的赞美可能被人们误认为拍马屁，而恰当的赞美即便有瑕疵，也会让人心里美。

躲避赞美中的暗礁，可以让我们免受其害，但是要想在交往中赢得对方的心，还是要讲些技巧。下面就是笔者根据经验总结出的一些赞美要领。

1. 赞美就要不失时机

对朋友、同事、亲人身上的优点，要随时随地去留意。如果对方的美是真实的，你的心也是实在的，那就要抓住时机，积极向对方反馈。对方的一个表情、动作，或者所说的一句话、所做的一件事，必要的时候都可以拿来作为赞美的素材。赞美的时机不必拘泥于某个特定的场合，而要随心而生、随性而说，让对方感到你的赞美非常自然、流畅。

2. 赞美要出于真诚

如果我们真心喜欢一个人，就不会敷衍对方，即便偶尔开个玩笑假装很生气，对方也能从中感受到你的伪装。同样的道理，如果我们只是为了奉承或者敷衍，而说一些不真诚的赞美话，那种虚情假意的本质立马就会在脸上浮现。此时，你的赞美会被他人认为是心怀叵测，被赞美者不但不会感谢你，反而会很厌恶你。明显言过其实的赞美，会让被赞美者感到窘迫或尴尬，自然也会降低赞扬者的威信。总之，虚情假意的奉承、不真诚的赞美对人对己只会有害而无利。

3. 力争是第一次发现

每个人身上的潜能、特色、优势等都各不相同，而且有些非常优秀的人身上可能兼有多种不同类型的优良品质。如果一味地说那些别人已经听腻了的赞美话，势必会严重抵消赞美应有的威力。此时，不妨说些谁也没有发现，甚至是连他本人也没有留意的内容，即便你赞美的点可能不太起眼。这样做可以让你的赞美与众不同，而且也会让对方恍然大悟，从而对你产生别样好感。

4. 与对方的内心好恶保持吻合

如果对方认为那是缺点，内心对其也相当厌恶，而你却无所顾忌地对其乱夸一通，这自然会让对方难以接受。比如，你赞美你的朋友像电影里的哪个明星，而你的朋友恰好非常讨厌这个明星，那么你的赞美就会适得其反。而如果你对朋友的情况了解，还要说出一些不讨人喜欢的赞美，那就是情商方面还不达标。

5. 寻找对方最希望被赞美的点

俗话说“人贵有自知之明”，因此，在现实生活中，人们对自己擅长什么，不擅长什么，心里自然有一杆秤。回避不擅长的，凸显擅长的，人性使然。所以，在和人交往中，对他们擅长的点给予客观的评价，就是对他们自信心的最大鼓励。以女人为例，对于漂亮的，就夸赞她美丽；对于活泼的，就称赞她聪慧，那么你的称赞一定会让她们雀跃无比。

6. 间接恭维

直接恭维有时候会因为太露骨而让对方起疑心。有时，如果能够学会引用他人的评价，对某个朋友、同事既成的事实加以赞美，效果会翻倍。另外，这样的赞美本身也可以证明你平时对他的成就、声誉多有关注，那么对方对于你的亲切、热情自然也就会欣然接受。

7. 背后赞扬

不在背后对别人的缺点说三道四是做人的一项基本常识，否则早晚会惹祸上身，成为自己的麻烦。同背后议论人、指点人相对应的是在背后赞扬人，作为一种高明的处事技巧、说话方式，这样无疑会让你赞美的人日后对你非常感激。

8. 引导向善地赞美

赞美有时会和谄媚、奉承很相似，但它们其实有着本质的区别。谄媚、奉承是不考虑对方的行为是否合理，也不顾忌后续影响而盲目称赞，但真诚的赞美则有一种引其向善的潜在意识。在生活中，你希望对方有哪些优点，就要发现这些优点的体现，并及时给予他们鼓励，这样一来，对方受到激励后，一定会朝你赞美的方向努力。

9. 含蓄地赞美

有时候，我们会发现，过于率真、露骨的赞美会令一些性格内向的人感到肉麻，而抽象、含蓄的赞美或许更能让他们自在。语言本身包含着多层意思，故可以做多种解释，对方会根据潜意识，不自觉地往好的方面想。比如，你赞美对方“你的眼睛真漂亮！”如果对方的情况果真如此，他会觉得是理所当然的。如果与实际情况不符，这便成了一种讽刺。此刻，如果说“你很有气质”这种比较大众化的称赞，或许能产生更好的效果。

10. 直观地赞美

初次与对方相识时，因为彼此对各自的内在还不太了解，所以比较适合采用这种直观的赞美方法。可以从对方的首饰、衣着、发型等方面给予适度的赞扬。这样的话，对方会感到轻松、自然，气氛也就容易活跃起来。

Chapter 3

第三章
巧言说“不”，你的生活你做主

那些对他人的请求来者不拒的老好人，都多多少少从朋友那里获得过这样的忠告：应该学会拒绝。那么，拒绝真的需要学习吗？事实上，这要问你自己，毕竟还要不要和你所拒绝的人维系关系取决于你自己。所以说，不计后果的拒绝谁都会，但显然这不是大家所追求的。真正懂得说话艺术的人知道如何把拒绝的话说出来，既不伤害他人，也不为难自己。把拒绝的话说到点上，就要有理有据，还要有情有义，这才是人与人之间交往良性互动的基础、可持续发展的前提。

摆明难处，拒绝水到渠成

俗话说“在家靠父母，出门靠朋友”。所以，工作、生活中朋友间互相请求帮点忙也都是很正常的事情。我们要是能做到，尽力帮就是了，假如朋友提出的要求有些过分，或者不在自己的能力范围之内，那就应当说明原委，含蓄拒绝。有些人碍于面子，或者好逞强，故而不考虑实际情况就答应了，结果朋友的忙没帮上，自己的事也耽误了。因此，在遇到类似问题时，应当主动说明原委，表示无能为力就是最好的选择。

人们在求人帮忙时，心里面往往充满着希冀，但又惴惴不安，生怕遭到拒绝。如果一开始就被拒绝，他的心里面会感到焦虑、恐慌，进而产生强烈的挫败感、羞耻感。比如，如果你对别人说：“这种事你自己就能解决，又何必麻烦别人呢？”对方肯定会恼羞成怒说不定还会因为这个而记恨你。

很多人在遇到类似问题时，往往会感到头痛，不知道如何拒绝。其实，那些一心想要别人帮助自己的人说，他们总想着如何实现自己的愿望，却很少考虑给别人带来的风险和麻烦。此时，只需要如实地讲清楚自己的实际困难，对方即便不能由己及人，也会明白他人的心意。

孙强在几年前承包了一家新技术开发公司，因为市场瞄得准，管理科学，经济效益非常好，所以很多人都想往这家公司钻。

一天，孙强的一个老上司打来电话，向他推荐了一个新人，问他能否接收。碍于面子，孙强就让那个新人先来公司面试看看。面试后，孙强明显感觉这个新人不适合。接收吧，会破坏公司的用人制度，对公司的长远发展不利；不接收吧，可能会影响自己与老上司的关系，毕竟老上司以前待自己挺不错的。

左思右想之后，孙强终于想出了一个解决办法。他先是邀请他们参观、了解公司各工作室人员的工作情况以及公司的各项规章制度。接着，他向老上司汇报了公司的发展状况以及今年的承包指标。最后，孙强对老上司说：“老领导，公司能有今天的发展，离不开您前几年的指导，包括我在内的公司上下都非常感谢您。去年年初的时候，我们按照您的指示修订了岗位用人制度，效果很好，也希望您继续指导。对于您介绍的这个小伙子，因为他的专业不对口，所以公司觉得他不太适合，也担心会影响今年承包指标的完成。如果有别的适合的岗位的话，我再让他来试试。老领导，您觉得这样可以吗？”

孙强赞扬了老上司对公司曾经的贡献，满足了对方的自尊需求，同时又以制度为由指出了公司的难处。作为管理者，老上司自然能够明白其中的道理，便不好再强求了。

断然拒绝他人肯定是一件伤感情的尴尬事情，但如果我们在生活中委婉说“不”，充分说明自己的难处，就能在不伤害对方面子的情况下达到拒绝的目的。

在工作、生活中，当遇到来自同事、上级、朋友、邻居的一些力不能及的请求时，不要立马拒绝，而要先谢谢他们对你的信任，并表示愿意效劳，再含蓄地说明自己帮不上忙的原因。比如，上司要你在一天内整理好财务报表给他，但你有其他重要文件也要处理，就可以将自己的难处说给上司听，上司自然会理解你的苦衷。这样的拒绝合情合理，彼此都可以接受，不至于把事情弄得很糟。

另外，在遇到别人要求帮忙时，也可以反客为主，有意识地发一些与自己有关的牢骚。这样一来，对方会觉得你也是很忙很烦的样子，估计帮不上忙。让对方觉得你比对方的状况还要差，那他肯定也就没有理由再请你帮忙了。

以其人之道还治其人之身

他人的要求未必都是善意的，有时也会是一种刁难，如果自己在一开始没弄清楚或者事后不知道该如何化解，势必会让对方的“阴谋”得逞。这个时候，巧妙利用对方刁难的弱点，作为“攻击”对方的手段，不仅可以让自己解围，也会让对方对你刮目相看。

甘罗的祖父是秦国名将。有一天，甘罗看见祖父在后厅里来回踱步，不停地唉声叹气。

“祖父，您碰到什么难事了吗？”甘罗问。

“哎，大王听了小人的挑唆，硬要吃公鸡下的蛋，命令满朝文武设法去找，要是三天内找不到，大家都要受罚。”

“大王也太不讲理了。”甘罗气呼呼地说。他眼睛眨了眨，便想了个主意，说：“祖父您别急，我有个好办法，明天我替您上朝好了！”

第二天早上，甘罗果真代替祖父上朝。只见他不慌不忙地走进宫殿，向大王施礼。

大王很不高兴地说：“娃娃到这里捣什么乱！你祖父在哪里？”

甘罗说：“大王，我祖父今天估计来不了了。他正在家生孩子，托我替他上朝来。”

秦王听了后哈哈大笑，说：“你这个孩子，怎么可以胡言乱语呢！男人怎么会生孩子呢？”

甘罗说：“既然大王知道男人不可以生孩子，为什么就不知道公鸡不能下蛋呢？”

甘罗的祖父作为秦国的将军，遇到了大王提出的不可能做到的要求，又找不到合适的办法拒绝。甘罗作为一个孩童，却可以非常得体地拒绝秦王，并让秦王放弃自己无理蛮横的要求，实在是大出人们的意料。或许也正因为如此，秦王才有“孺子之智，大于其身”的叹服。后来，甘罗出使赵国，使计让秦国得到十几座城池，甘罗因功被秦始皇赐任上卿（相当于丞相），封赏田地、房宅，不能不说正是甘罗那次智慧的拒绝使秦王认识到他的才能。

说到化解别人的讽刺或者恶意攻击，就不能不提到英国的丘吉尔和萧伯纳，他们不仅在文学方面获得过骄人的成绩——都曾获得过诺贝尔文学奖，而且在口才方面也都有着傲人的天赋。

有一次，萧伯纳的新剧准备在巴黎大剧院上演，他就派人送了两张票给丘吉尔，并附带了一封短笺，上面写着：“亲爱的温斯顿爵士，现奉上戏票两张，如果阁下还能够找到另外一个朋友的话，不妨一起来看演出。”

丘吉尔曾经两度出任英国首相，也是第二次世界大战时的三巨头之一，他自然明白大作家的嘲讽之意，便回信说：“亲爱的萧伯纳先生，非常感谢你赠给我的两张戏票，因为有约在先，所以无法前往观赏。不过，如果你的戏有幸能够演到第二场的话，我一定和朋友前去捧场。”

在萧伯纳的信里，他想通过这种方式调侃丘吉尔在政治上缺少盟友的状况，没想到丘吉尔借题发挥，讽刺他的戏很烂。和甘罗相比，丘吉尔的“以其人之道还治其人之身”更侧重于形式，不过也确实达到了巧妙回绝对方的目的。

不爱，也别语带伤害

有位长得很漂亮的姑娘突然接到一封情书，看名字得知原来是公司里一位很不起眼的男同事写的。盛怒之下，这位姑娘还当着大家的面说出“癞蛤蟆想吃天鹅肉”之类的话，并把情书贴到饭堂里的小黑板上。两年后，曾经被羞辱到无地自容的男同事终于找到了称心的伴侣，而那位漂亮姑娘还是孤零零一个人，因为原本想追求她的男生都被吓跑了。

人人都有爱与被爱的权利，如果有人向你示爱，而你又不太满意，当然要拒绝。但是，拒绝的语言一定要恰当、委婉，既要把意思表达清楚，让对方没有幻想的余地，也不能太不近人情。如果不加考虑，随口生硬地说“不”，若干年后，你肯定会后悔当初推掉的不仅是对方的爱情，也有自己经营了许久的友情。

那么，在现实生活中，对于他人的示爱，我们该如何更巧妙地说“不”呢？

1. 用拖延拒绝

假如有位男士约你吃饭，你不是很愿意，可以这样回答：“这样吧，有时间我约你。”当然，你不用真的约他，除非对他的态度有所转变。

2. 用反语拒绝

如果有位你不太喜欢的男士问你：“你愿意和我交往吗？”为了不伤害到他，可以这样反问他：“你认为呢？”这样一来，对方自然就会明白你的心意。

3. 客气地拒绝

某个姑娘送了个礼物给你，假如你不喜欢她，也不愿意收下礼物，就可以客气地回绝。既可以表示你不敢领取、受宠若惊，也可借机强调这个礼物兴许对她还有别的用场。

4. 用推脱拒绝

有位男士征求你对他的看法，可以这样讲：“我认为你是一个挺不错的人，不过我不太喜欢你的性格，真遗憾。”

5. 用回避拒绝

当对方试探你时，你可以有意回避，借机表明你的态度。下面的方法可以帮你引开话题：

（1）用另一种选择拒绝。如果对方用爱情故事试探你，可以回答他说：“我喜欢另一个非爱情故事……”

（2）用“抽象法”拒绝。如果对方态度严肃，要一本正经地跟你讲道理，问题一般很难得到解决，而要正面说出拒绝的理由，又势必会伤害对方的情感。这时不妨将一些具体的问题抽象化，对方可能就容易被迷迷糊糊地拒绝了。试看下面这个例子：

“你向我求婚，我真的很高兴。不过，我认为咱们不能过度沉醉在激情之中……”

“不，我很冷静。”

“我不是这个意思，我想好好地和你交流一下我对结婚的看法。”

“很好呀！”

“结婚到底是怎么一回事呢？”

先将对方引入一个抽象的领域，再将这个领域不断扩大，比如，“对男女的结合来说，结婚是不是最佳的选择？”“男人和女人究竟是什么？”进而引开话题达到拒绝的目的。

6. 用外交辞令拒绝

如果实在不好意思表达你的拒绝态度，可以用一些外交辞令搪塞过去，如“无可奉告”“事实会告诉你的”等。

如果以上方法还是不成，最后可以说：“我已心有所属了。”

在医院当护士的刘敏长得文静、机灵，大家都很喜欢她。一天下班后，同科室的郑医生对她说：“小刘，一起吃个饭好吗？我想对你说件重要的事。”

刘敏一听，就明白了“重要的事”的含义，笑着说：“好啊！我正好也要找你帮个忙。”

郑医生一听高兴极了，放松心情说：“行，只要能帮你的忙，我一定赴汤蹈火。”

刘敏笑着说：“没那么严重，只是男朋友脸上生了几个痘痘，想问你用什么药会比较好？”

像这样的拒绝方法，通常也都很有效。

温柔地拒绝，让他人自动退出

拒绝他人有很多种方式，一个高明的谈话者总是可以在恰当的时机，采用合适的方法拒绝对方。温柔地拒绝便是其中的一种方式。当你施展温柔之术，用软语拒绝他人时，几乎没有人能抵挡住它的威力，有时这要比直截了当地拒绝更高效。

乔治是一位图书推销商，经常挨家挨户地推销图书。有一天，他来到一户人家的门前，准备向他们推销自己的书籍。只见他左手拿着一大本书，右手推开大门，满脸笑容地穿过花园的小径，来到主人的房前。他先按了一下门铃，过了好一会儿，有位小姐来开门，满脸惊奇地看着他。

“早上好，小姐，”乔治说，“我想你可能有兴趣买本《世界历史》。这套图书一共有12本，你可以从里面拿一本翻翻看，里面的插图漂亮极了……”

“实在是对不起，”她打断道，“我正在做饭，没有闲工夫和你讨论历史。我得马上回厨房看看。”不等乔治回答，她就重重地把门关上了。

乔治不想就这样被赶走，便绕着房子走了一圈，又敲响了后门。开门的依然是那位年轻的小姐。她尖叫着说：“又是你！”

“哦，”乔治说，“你刚才告诉我你在厨房里忙着做饭，我只好绕到后边来。也许你可以让我坐在厨房里，然后你一边做饭，一边听我讲些这套历史书的相关内容。相信我，这本书真的非常有用。如果你现在不买的话，将来肯定会后悔的。”乔治咧嘴一笑，露出了洁白的牙齿。

那位小姐“哦”了一声，然后说：“要是你愿意的话，就进来坐在那边吧。”她指了指椅子，又补充道：“我先声明一点，你可能会白浪费时间的，因为我对历史不感兴趣，也没钱买书。”

乔治坐了下来，把手中厚重的书轻轻地放在饭桌上。当然，多售出一本，就意味着他的利润也会增加一些。他有信心劝这位小姐买一本。接着他就用自己那迷人的嗓音向这位小姐介绍这本书的好处，也没有忘记提醒她这本书其实很便宜。

“等等，”她突然打断了乔治的介绍，转身走进了另外一个屋子，再次回来的时候，手里多了个笔记本和铅笔。

坐下来后，那位小姐对乔治又说道：“请继续讲吧。”

乔治又开始讲起来，而那位小姐则一边听一边认真地记着笔记，中途还时不时地叫他把刚才讲的内容重复一遍。见她如此有兴致，乔治很兴奋。他暗自思忖，感觉劝人买他们不想买的东西并不难。最后，他结束了自己的谈话，合上书，问道：“感觉怎么样，难道不认为现在买一本是明智之举吗？”

“哦，不！”小姐吃惊地说，“刚开始我就说过，我对历史不感兴趣，而且也不打算在这上面投入资金。”随后，她打开门，并做了一个“请”的姿势。

“但是，你刚才为什么要做笔记呢？”乔治不解地问道。

“哦，”她回答道，“我弟弟和你一样，也是挨家挨户销售图书的，但很失败。我刚才记下了你说的有用的话。你真是太聪明了，我将会把这些笔记拿给他看，他就知道下次去推销时该说些什么了，这样他才能赚更多的钱。实在是太感谢你了，我真高兴今天能遇到你。”

乔治呆若木鸡地站在门口，半天说不出一句话来。

客观来讲，任何一位销售员遇到这样的拒绝都会感觉到有点失落，但是相对于那些连门都不让进或者恶言相向的人，这样的拒绝还是蛮温柔的。

先发制人，堵住对方的嘴

如果提前知道别人要对你说不利的话，或者让你办一些你不想办的事情，那么抢先开口，不给对方说话的机会，或者给对方一个明确的信号，把他想说的话堵在嘴里，也不失为一个高明的办法。

当然，运用先发制人这一招，重在“先”，贵在“制”。抢先开口后，或堵或围，或截或封，或劝或压，这样就可以牢牢掌握交际的主动权，从而达到拒绝的目的。

曹操一直都在做攻打吴国的准备，但吴国主将周瑜足智多谋，是曹操灭吴的一个非常大的障碍。曹操思量再三，决定派蒋干去东吴劝降周瑜。蒋干便风尘仆仆地来到江东。周瑜听说蒋干来了，立马就知道所为何事，于是决定来个先发制人，挫败蒋干的企图。

俩人刚一见面，周瑜就开门见山地说：“子翼不辞辛苦远道而来，是为曹操当说客的吧？”蒋干没料到周瑜竟然有这样一手，犹豫了一会儿方说道：“老友相逢，怎么能说这样的话呢？”席间，周瑜对众将领说：“这是我的同窗好友，虽然从江北来，但却不是曹操的说客，所以大家可以放心。”随后将佩剑解下，交给太史慈说：“你配上我的剑做监酒，今天的宴饮，只叙交情，如有谈起曹操与东吴军旅之事，就斩下他的首级。”蒋干大吃一惊，再不敢开口提劝降之事。宴会结束后，周瑜拉着蒋干的手说道：“大丈夫处世，遇知己之主，外托君臣之义，内结骨肉之恩，言必听，计必从，祸福与共，即便是苏秦、张仪那样的人再世，又怎么能够说动我的心呢？”就这样，周瑜巧妙地采用先发制人的策略，让蒋干从头到尾都不敢提半句有关劝降的话。

通过认真分析上面这个故事，我们可以看出周瑜先发制人的策略有几大特点。

第一，先封。周瑜抢先一步，单刀直入，直接点破了蒋干来东吴的企图，先封死他的口，让其不便开口。

第二，再压。在宴席上，他让太史慈做监酒官，并注明“只叙朋友交情，如有提起曹操和东吴军旅之事，就斩其首级”，让蒋干摄于军令而不敢开口。

第三，后围。宴席结束后，周瑜又用“大丈夫处世……”这样的话来堵蒋干的口。这番话慷慨激昂，无异于告诉蒋干，是大丈夫就应当这样，只有小人才会反其道而行。如果蒋干不识时务，硬要把劝降的话说出来，岂不是把周瑜和他自己都当成小人了吗？这样一来，蒋干就更加难以启齿。

第四，周瑜紧接着又顺势说：“即便是苏秦、张仪……又怎么能够说动我的心呢？”暗示蒋干不要再枉费心机了。这样一环扣一环，自始至终都压制着蒋干，使他欲说不能，计划全盘落空。

先发制人用在军事上可以出奇制胜，用在说话上可以先声夺人，当然，前提都是你对事态的发展有一个较为清晰的认识，否则会伤人误己。

借口到位，拒绝事半功倍

《孟子·公孙丑上》中有这样一句话：“万乘之国，行仁政，民之悦之，犹解倒悬也。故事半古之人，功必倍之。”这也是成语事半功倍的出处。如果把拒绝他人视为我们想要做成的事情，那么采用什么样的方式可以让这一目标实现起来事半功倍呢？方式固然很多，若涉及借口，则没有比借口的合理性更重要的因素了。

王文在上海一家电器商场上班。有一天，他的一位朋友过来打算买一台电冰箱。可是，朋友看遍了店里陈列的样品，也没能找到符合自己心意的类型。最后，朋友要求王文带他到仓库里去看看。面对朋友的要求，王文不好意思开口说“不”，脑子一转，笑着对朋友说：“真是太不巧了，前几天经理刚宣布，不允许任何顾客进入仓库。”他的朋友一听，便不再好意思说什么了。

在这个故事中，王文把经理的宣布作为借口而达到了拒绝的目的，尽管他朋友的心里不高兴，但毕竟比直接听到“不行”这样的回答好多了。

具体来说，我们还可以通过以下方法来达到合理拒绝他人的目的。

1. 开玩笑式拒绝

用开玩笑的方式拒绝对方，通常既能够达到目的，又不至于让双方感到尴尬，所以也被视为一种很好的否定技巧。假如你是个女孩子，男朋友邀请你去他家做客，但你觉得时机还不成熟，不方便盲目造访，不妨这样问："到你那里有什么好吃的吗？"

男朋友可能会列出几样东西来，于是你接着说道："没有好吃的，我不去。"

这种巧妙的玩笑，不仅拒绝了对方的邀请，还可以避免回答"为何不去"，可谓一箭双雕。

2. 用制度来拒绝

有位普通员工鼓足了勇气才走进经理的办公室，并对经理说："对不起，经理，我想你是不是该给我涨工资了……"

经理回答道："你确实该涨工资了，可是……"经理指了指玻璃板下面的一张印刷卡不慌不忙地说："根据本公司的相关工资制度，你的工资已经是这一档中最高的了。"

这位员工听完后有些泄气，说："唉，我都忘记我的工资级别了！"说完就退了出来。

就这样，工资制度就让他放弃了自己原本应该得到的东西。他也许在想："我怎么能够推翻公司的制度呢？"这或许也是经理期望他讲的话。

3. 寓否定于感叹之中

有个女孩过生日，男朋友送了她一套衣服，但女孩不喜欢。男朋友问："感觉怎么样，喜欢吗？"

女孩若直截了当地回答："不喜欢，土里土气的，像什么样！"男朋友肯定会很伤心。如果女孩说："要是再素雅一些就更好了，我比较喜欢颜色浅一点的！"

这句话的表面意思好像在说：你买的也不错，只是再素雅一些会更好。其实，女孩想要表达的意思是不喜欢这套衣服。

4. 用"下次"巧妙推脱

如果你不想参加某个聚会，可以礼貌地对邀请人说："谢谢你，下次有空我一定去。”若有人想找你聊天，而你又不想与对方聊，不妨看看手表，告诉对方：“不好意思，我还要参加一个重要的会议，改天可以吗？”表面上，你并没有拒绝他，只是改个日期，但这里的“下次”“改天”却没有时间限制，聪明人一听就明白你这是在委婉地拒绝，但这总比直接说“我没空，不想去”之类的话更容易让对方接受。

5. 用商量的口气拒绝

或许你的男朋友希望你陪他一起参加某个朋友的聚会，但你又觉得不太方便或者不妥，不妨用商量的口气说：“到时候我可能会没时间，你看下次行吗？”很显然，恋人此时的邀请有着特殊的意义，等到以后意义肯定就不大了。可是如果找到这样的借口，对方就不太好意思再勉强了。

拒绝是考验说话水平的一个非常重要的环节，而借口又是拒绝中最常用的方法，此时如果能够针对对方的具体要求，有针对性地说出自己的借口，拒绝之事必当事半功倍。

拖延，让请求在时间中淡去

现实生活中总是不乏一些性格敦厚的热心肠，他们好像天生就不会拒绝他人。然而，有时候为了避免不必要的困扰、多余的麻烦，对不合理或者不合情的人和事加以拒绝就显得很必要。如何才能在不违心也不伤人的情况下婉拒他人呢？或许，拖延就是一个不错的选择。

所谓拖延就是不当面拒绝对方的请求，而是留给自己思考的空间。这样的话，既为自己赢得了时间，也可以让对方认为你是很认真地对待他的请求的。

吴明在一家国有工厂担任车间主任。有一天，来了一位职工要求调换工作。吴明心里很清楚，对方的要求不现实，但他没有直接说“不行”，而是委婉地告诉对方：“调换工作可能涉及好几个人，我一个人也决定不了。要不我先把你的情况往上面反映一下，看上面怎么回复，到时候我再通知你，怎么样？”

这样的回复可以让对方在心里明白，调换工作可不是一件简单的事情，到时候可能存在两种可能：一是上级同意调动，二是上级不同意。这样一来，对方的心里也会有所准备，这比当场回绝对方要好很多。

孙东是一家汽车公司的销售主管，一次和一位大买家谈生意时，对方提出要看孙东公司的成本分析数据，但这些数据都是公司的机密文件，一般是不允许外人看的。在这种情况下，买家已经提出了要看的请求，如果直接回绝势必会影响双方的关系，说不定还会伤和气，甚至失去这位买主。孙东也是位老江湖，他没有直接说“不行”，而是委婉地说：“哦，这些数据现在不在我这里，这样吧，下次有机会我会带过来让你看的。”

买家听后虽不知真假，但也不好意思再纠缠。至于下次能不能带来，或者什么时候带来，就是刘东自己的事了，再说，到时候对方或许已经没有了再看的兴趣。

事实上，这种拖延的战术在工作、生活中的应用十分广泛，而且效果也非常好。有的拖延可能确实是因为条件不方便，而有的拖延本身就是当事人拒绝的另外一种说法。时间久了，大家可能也会形成一种默契，能够分辨出哪一种拖延是客观的，哪一种拖延是主观的。

有位作家接到一位老朋友的电话，说邀请他到一个图书馆做一个演讲。作家没有当面拒绝，而是说：“现在还不确定到时候是否有时间，我先查看一下自己的日程安排，到时候如果有时间了我再给你回电话。”

这位作家可谓拖延的高手，他不是说看了之后直接给对方回电话，而是说如果有时间了再给对方回电话，潜台词就是如果没回电话就是没时间了，这也避免了再打电话告诉对方没时间的尴尬。

汪江夫妇原本在一家国企上班，后来因为企业效益不好，俩人也下岗了。后来，他们利用政府的优惠贷款开了一家杂货店，每天起早贪黑，没过多久就把小店经营得红红火火，收入也比以前在企业的时候多出不少。汪江的叔叔整日游手好闲，还经常在麻将桌上赌博。最近因为手气不好，一晚上把借来的

500元全输光了。他不服气，想在第二天再赢回来，又苦于没钱，就把目光转向了汪江。来到汪江店里后，他对汪江说："我最近想买辆面包车，手头还缺6000块钱，要不从你这里周转一点，三个月左右就能还你。"汪江知道叔叔的秉性，如果真的把钱借给他，肯定有去无回。再说，汪江的日子是好过了，但店里的生意还要做，流动资金不能少，如果把钱借出去了也肯定影响自己的生意。于是，汪江就敷衍叔叔说："我们从银行贷了一笔款，最近利息吃得紧，要不这样，等我们把这笔贷款还上了再借你，怎么样？"叔叔听他这样一讲，自知是拒绝，但也不好强求，便知趣地走了。

汪江没说不借，也没说什么时候借，留给叔叔的都是未知。叔叔即便知道这是对方的推辞，但也无话可说。

可见，将事情用一种模糊的措辞一笔带过，比正面拒绝有效，还不至于伤了大家的和气。

Chapter 4

第四章 求助的事再小，也不能将就着说

房子着火，拨打119；手机被盗，拨打110；阑尾发作，拨打120，这些都是我们日常生活中熟记于心的生活常识。另外，购物、转账、订餐，所有我们能想到的服务都可以通过网络实现，貌似只要手机在手，我们就无所不能。现实是，求助无处不在。商业化的求助只需一纸合同或者按照默认的程序进行即可，但是涉及人与人之间关系的求助，如果不把握说话的方式、用语的措辞，十之八九会遭到拒绝。

收架子，低姿态

有些人想当然地认为把话说到点子上就是把合理的话说给对的人，事实上，这是一种误解。至少对求人办事来说，想把话说到点子上，还必须有一个良好的姿态，否则，你的话再简洁、明确，对方也不会领情。

秦佳父母在国内做进出口贸易，家境富裕，自己也经常以富二代自居，过着无忧无虑的生活。他没有正式工作，但喜欢旅行，就在北京加入了徒步旅行协会。一天，他约了几个好友，到河北一个偏远的山村徒步旅行。半路上，遇到一个三岔路口，大家都不确定该走哪条路。这时，一个放牛的老人从旁边走过，秦佳张口就喊："嗨！老头，我们要去周边最近的小镇，该走那条路？"

老人抬头看了秦佳一眼，顿时皱起眉头，说道："走左边那条路，估计还有六七丈的距离。"

看着朋友们疑惑不解的神情，秦佳也挠了挠头，问道："老头，你们这里的人说距离都是论丈的吗？不是应该论里的吗？"

老人哼了一声说道："没错，我们以前都是讲礼（里）的，但总有不讲礼（里）的人从这里路过，我们索性也就不再讲礼（里）了。"

听完老人的一番话，秦佳顿时感觉面红耳赤，也意识到自己刚才的话冒犯了老人。

哪些人求人办事会遭到拒绝呢？首先就是态度傲慢、粗俗、不懂分寸的人。不管你所求之事多么微不足道，只要是求人就应该懂礼貌，适当收架子、低姿态，这样才不会招人反感。

古代洛阳有个贵族家庭因为家道中落，最后连千金小姐也不得不和丫鬟一起到南方避难。一天，她们吃完了所有的干粮，身上又没有任何积蓄，丫鬟就建议沿街乞讨。不过，千金小姐无论如何都不愿意去，结果丫鬟就一个人出去讨饭。丫鬟也没有经验，再加上还要讨两个人的饭，困难程度可想而知。结果因为讨到的饭太少，回来不够吃，还要被小姐骂，就决定两个人一起去。

她们来到一户富裕的人家，小姐让丫鬟上前敲门。

丫鬟对开门的仆人先是低头鞠躬，接着说："请你行行好吧，我们是从洛阳逃荒到这里的，好几天没吃到饭了，能给我们两个馒头吗？"

仆人将丫鬟上下打量了一番，正在犹豫，那位小姐就走上来嚷道："就让我们吃一顿饭吧，我是洛阳李家大户的女儿，等以后我们有钱了，10倍还给你们。"

仆人瞄了一眼小姐，没说话就把门关上了，任凭她们再怎么叫，对方也不开门。

就这样，丫鬟和小姐又敲了几户人家的门，结果都是一样。最后小姐还得出一个结论："这里没有一个好人，我对他们好言好语，甚至还提出日后回报他们，结果竟然没人领情。"

丫鬟在一旁叹息道："小姐，这不能怪人家，你应该知道，咱们现在已经沦落到要饭的地步了，就不要再说些虚情假意的要报答人家的话了。我们应该放低姿态，就以一个普通乞丐的身份，说不定还会博得人家的同情呢！"

求人办事，就意味着让对方尽可能心甘情愿地给予帮助。而他人之所以施与帮助的原因主要是出于情感、利益、信赖等。因此，求人办事应该从这几个方面创造让对方可以接受的条件，这就要求求人者既能讲礼，又能懂分寸。

强求不如善导

很多人认为多一事不如少一事，因此，在潜意识里对他人的请求会有所排斥。他们要么在礼节上表现得很客气，但言语上却大谈自己的难处；要么连表面文章都不屑于做，直接让你坐“冷板凳”或者给你吃“闭门羹”。有些急性子的人看求人不成就赖着不走或者说些强势的话恐吓对方，这样的请求十之八九会泡汤。如果换种方式，比如态度温和一些，说话委婉一些，不流露出你求人的意图，等时间到位了，气氛也有了，再谈求人的话，被拒绝的概率自然会小很多。

邓佳轩在国内一家小有名气的杂志社任主编，而他的岳父是财经界一位很有名气的作家。最近，杂志社正在就一个财经专栏做选题规划，邓佳轩就想向岳父约稿。因为当初结婚时，岳父极力反对女儿嫁给他，所以俩人的关系有点僵。再加上岳父脾气古怪，对向他约稿的人都不怎么友好，所以对于能否约到岳父的稿子，邓佳轩心里没底。于是他决定带上妻子，亲自到岳父家走一趟。

和往常一样，邓佳轩和岳父相处得不是很融洽，无论他怎样试探，岳父都装聋作哑，或者点头敷衍，不给邓佳轩好脸色。进门老半天了，也一直没找到机会，所以邓佳轩打算今天就不谈约稿的事了，随便陪老人吃吃饭，聊聊天。

吃饭的时候，邓佳轩突然想起岳父最近有一本书在英国出版了，便问道：“爸，听说您去年写的那本书被翻译成英文，在英国出版了，是真的吗？”

一聊到自己写的书，岳父立马来了兴致，颇为自豪地说道："是呀。"

邓佳轩接着问道："爸，您的新书构思很独特，而且分析得也很深刻，不知道翻译成英文，能不能把里面的意思完全表达出来？"

岳父赞赏地看了邓佳轩一眼，点头说道："这点也是我担心的。"

接着，俩人就新书在国外的发行滔滔不绝地聊了起来，气氛也变得轻松许多。后来，加上妻子在旁边帮腔说话，岳父非常爽快地答应为女婿的杂志社写一篇稿子。

故事中的岳父脾气古怪，性格倔强，估计一开始就猜测到了女婿有求于己，所以故意疏远。当女婿提到他写的新书，老人的态度顿时发生了戏剧性的变化，因为聊到了他的兴趣点。即便对女婿不满意，但人家既然对自己的新书那么关心，心里面肯定也会感觉欣慰。邓佳轩通过这一点，俘获了老人的心，进而让老人答应自己的约稿请求。试想一下，如果邓佳轩一开始就要求约稿，惹老人生气了，估计后面连谈书的机会都没有。可见，求人时，若循序渐进，耐心引导，结果就会好很多。

雷特曾担任过《纽约时报》的总编辑，当时，他身边缺少一位精明能干的助理。其实当时雷特心中已经有一个人选了，对方就是年轻的约翰。不过，当时约翰刚辞职，打算回家乡当律师。

雷特请约翰到联盟俱乐部吃饭。饭后，雷特提议约翰到报社转转。在报社，他看似随心地从一堆电讯中间选了一条尚未编辑的重要新闻，对约翰说："先请坐下来，帮我写一段有关这条新闻的社论吧。"约翰觉得也耽误不了多少时间，就答应了。社论写得很精彩，雷特看完也颇为赞赏，就以最近新闻量较大为由，请求约翰再帮一个星期的忙。一个星期过去后，雷特又请求对方帮一个月的忙，渐渐地，约翰在不知不觉间放弃了回家当律师的打算，留在纽约做起了新闻记者。

从以上两个例子我们可以轻易地得出这样一条规律：强求不如善导。那么，怎样引导，效果会最佳呢？

1．抓住对方的兴趣

当你想让别人参与到你的事业中，应该多从事业本身以及它的前景里挖掘出一些能吸引对方的兴趣点，这样更容易达成目的。想让别人做一件容易的事情，就要让对方获得哪怕小小的成就感；想要别人做一件大事，就要给对方一个强烈的刺激，让他有去做的欲望。

2．利用对方的好奇心理

每个人都有好奇心，只要在求人时，因势利导，抓住对方的好奇心，就可以变被动为主动。

阐明利益，求人便是助人

现代社会，分工如此精细，社会关系也变得更为复杂，生活在这样一个体系中，想要不求人办事，几乎是不可能的。求人办事，难免会在面子上过不去，甚至觉得低人一等。很多人也想当然地认为，求人办事，就要卑躬屈膝，一味讨好别人。事实上，这种观点是极其片面的。有时候，如果你所求之事与对方利益息息相关，那么只要把双方利益阐明，所求之人也会转变为所帮之人，难度自然下降。

东东和楠楠是兄妹俩，一个七岁，一个五岁。平时俩人关系很融洽，但只要是涉及吃的东西，就开始变得很紧张。一天，他们从妈妈手中得到了一个橙子，东东想让妹妹把橙子让给自己，一会儿做成橙汁分给她一半；楠楠也提出把橙子让给她，然后做成橙子味的蛋糕也分给他一半。最后，俩人谁都不愿意按照对方的方法来吃，就决定把橙子切开，一人一半。就这样，俩人拿着各自的橙子去找爸爸妈妈了。东东让爸爸把半个橙子的皮剥掉，然后把果肉放进榨汁机；楠楠把橙子递给妈妈，想让妈妈把橙子肉挖掉，单留橙子皮磨碎，和面粉搅在一起做个橙子味的蛋糕。

还好妈妈比较机灵一点，做之前先找到东东，问能不能用楠楠的橙肉换他的橙子皮。东东当然没意见，因为他要的就是橙肉。分完之后，妈妈把东东和楠楠叫到一起，笑着说："分橙子前，你们为什么不多商量一会呢？既然东东只要果肉，楠楠只要橙皮，那就应该把橙肉和橙皮分开，一个人拿橙肉，一个人拿橙皮，岂不是两全其美？”

孩子因为天性使然，也或许因为经验不足，遇事总是习惯于用最简单的方式来处理。其实，在互相求助对方之前，多一点沟通，把各自的利益阐明到位，就可以获得利益的平衡点，从而达到让对方听从自己建议的目的。

孙大海和李天翔是邻居，曾经因为闹矛盾，打了一场官司，之后彼此就不再说话。一次，孙大海到外地出差一个月，回来的时候发现家里被盗，自己给未婚妻买的黄金戒指也丢了。虽然报了案，但迟迟找不到嫌疑犯。一天，孙大海从李天翔大门口路过的时候，发现对方大门顶部装着一个摄像头。因为两家的大门离得不远，所以孙大海就揣摩着能不能从这个摄像头里找到一些有关盗贼的信息。想法固然不错，但是两家因为官司的原因，已经差不多半年没有说过话，人家凭什么帮他呢？

第二天，孙大海从另外一个邻居家里获悉李天翔过两天可能要出国旅游，一走可能就是两个月。这可急坏了孙大海，毕竟自己家里被盗的案件还没破，仅有的一点线索自己又无法张口。不过，突然之间，他的脑子里面闪出了一道灵光，便果断地朝李天翔家里走去。

李天翔一看站在门口的是孙大海，就打算关门，还好孙大海反应快，上前一步顶住门，顺口问道：“你过两天要去国外旅游？”

“这和你有什么关系？”李天翔不解地问道。

孙大海看着对方说：“我前段时间到外地出差一个月，家里被盗，现在这个贼还没有抓到。你要是去国外旅游，两个月不在家，谁能保证这个贼不去你们家。”

李天翔胸有成竹地说：“我家安装了摄像头，不会被盗的。”

孙大海说道：“那可不一定，摄像头也会有盲区的。”

李天翔问道："那你说我怎么办，难道不去旅游了，整体待在家里看家？"

孙大海看对方的态度有所软化，也趁机转变了说话的口气："老兄，实话跟你说吧，我今天来就是想调取你们家的监控录像看一下，看能不能找到我们家盗窃案的一些线索。如果能从中发现盗贼的线索，也可以协助警察早日破案，你也就不用担心这伙人再光顾你们家，自然就可以放心地去旅游了，不是吗？"

李天翔略微思索了一下，感觉对方说的确实很有道理，而且如果能找到窃贼，对自己也是有实质性好处的。之后，他就下载了那段时间的监控录像，并由孙大海交给了警察。果然，盗贼确实出现在了监控录像里面，警察也根据这些线索，两天就破了案。

后来，警察从嫌疑犯的嘴里获悉，他们本打算再过几天等李天翔家里没人的时候，就去偷窃，这下可好，还没动手就被擒了。李天翔知道这一情况后，在去国外旅游前，还特地请孙大海吃了一顿饭，向他表示感谢。后来，两家的关系又恢复了正常。

求人说难也难，说简单也简单，关键看求助者怎么去做，怎么去想。如果提前把各方的利益考虑到位，在求助时阐明利弊，那么求人办事也就会变得轻而易举。

要借五十，就说一百；欲借一百，先借十块

“取法于上，仅得为中；取法于中，故为其下”，这句话出自唐太宗李世民撰写的《帝范》，意为效法上等的，也只能得到中等的，效法中等的，只能取得下等的。有时候，当我们求人办事，特别是向别人借钱时，会发现其中有着和《帝范》里面这句话相似的规律。比如，你直接向朋友借50元钱，朋友可能会说手头紧，没钱；当你先向朋友借100元，待到朋友拒绝后，再提出50元的要求，朋友或许会因为刚才已经拒绝过你一次，不好意思再拒绝第二次，况且这次的数额比刚才少了一半，那样你被拒绝的概率也就大大地降低了。

同样是借钱，清代红顶商人胡雪岩却玩出了完全不同的花样。

左宗棠为筹集军饷需要一笔巨款，让胡雪岩想办法。虽然筹措的时间充足，但胡雪岩的资金多被占用，短期内根本腾不出来。思来想去，唯一可行的办法就是先向别人借钱。

可是，如此巨大的一笔资金，该向谁借好呢？胡雪岩最后把目标锁定在外国商人史密斯的身上。问题在于，胡雪岩和这个史密斯只合作过一次，而且如果知道钱是借给朝廷的，对方多半会拒绝，因为他们对朝廷的信誉没有信心。果然，当胡雪岩派出的手下见到史密斯并说明来意后，被对方直接回绝。尽管这位手下再三表示可以用胡雪岩的信誉做担保并多付利息，但史密斯依然不愿意冒这个险。

听完手下的汇报，胡雪岩沉思了许久，最后决定亲自去一趟。第二天，胡雪岩从外面回来，手里拿着从银行借来的一千两银子。手下看到后，感觉很奇怪，就问道："借这么点银子不是杯水车薪吗？"胡雪岩只是笑了笑并没有回答。

没过几天，胡雪岩就让手下连本带息把钱还给了史密斯。手下不理解，还嘟囔着说："借这么点钱又没用，还白白搭上利息。"胡雪岩挥了挥手，佯装没听见。几天后，胡雪岩又去史密斯那里借了一笔钱，不过比上次多了一些，但对采购军饷来说依然是杯水车薪。钱借回来放了几天，胡雪岩又派手下去还钱，这次同样付了不少的利息。手下虽不解，但也没有再多言。此后，胡雪岩又用同样的方法借还几次，只是借钱的数额一次比一次多，而且一到约定的日子，立刻派手下连本带息一分不少地还上。

一段时间过后，筹集军饷的计划全面开展，胡雪岩吩咐手下准备马车出门，并信心满满地说："走，去史密斯那里借钱去。""你肯定史密斯会借吗？"手下试探性地问。胡雪岩自信地笑了笑说："只管跟着我去就是了。"

不用说，有了前面几次借还的经历，胡雪岩肯定已经在史密斯心目中积累了足够的信誉，作为商人，既然有利可图，史密斯自然没有不借的道理。

中国有句老话："饭要一口一口吃，路要一步一步走。"平时求人办事，不妨先从一些小的要求上开始。如果对方答应了，再一步步提高门槛，最后再拿出最有分量的请求。这样的话，对方因为此前一直在答应，此刻也会因为惯性，对你更高的请求做出有利的回应。

从前，有一个饥寒交迫的乞丐，在一个风雪交加的夜晚路过一家富人的豪宅，正好看到仆人打算关门，就上前说："能让我进去借用一下炉火把我的衣服烤干吗？"仆人一想，觉得这个要求不算什么，就答应了。乞丐在火炉边坐了一会儿，又对仆人说："能借你的锅用一下吗？我想煮一点石头汤喝。"

仆人有点纳闷，也想知道究竟什么是石头汤，就把锅借给他了。只见乞丐捡了几块石头，洗干净后放进锅里开始煮。水烧开之后，乞丐又请求仆人说：“能给我一点盐吗？”仆人想看看乞丐究竟要做出什么汤，就给他加了一点盐。接着，乞丐用勺子舀了一口，叹气说：“要是里面有点青菜叶或者骨头什么的就更美味了。”仆人想起厨房里还有一些吃剩下的菜叶和肉骨头，就索性都给他了。乞丐把菜叶、骨头都倒进锅里，美美地吃了一顿热菜汤。

试想，如果乞丐一开始就问仆人要菜叶和骨头，会遭到什么样的待遇？所以，乞丐很聪明，先不提要吃的，只说烤火，紧接着再一步步地提出更“过分”的要求。但此时，他已经和仆人建立了某种较为密切的关系，而且他还很擅长吸引仆人，结果就是仆人不停地答应乞丐的要求。这就像登门槛一样，先迈上一阶，再登高一阶，最后“得寸进尺”，登上最高的台阶。

说话诚恳，求人不难

求人办事，说话态度很重要，而诚恳绝对是最佳的“仪表”。诚恳的同时，也要让对方清楚，为什么要帮你。你的话越诚恳，对方就越不会拒绝你。另外，求人办事，一定要明确自己的目标，这样一来，别人也才能有的放矢。

求人办事，最考验一个人的语言表达能力。如果你的口才出众，三言两语就可以把话说到位，求人之事自然水到渠成；如果你是一个言语木讷的人，吞吞吐吐，欲言又止，很容易招人烦，求人之事自然是凶多吉少。不过，说话真诚可以弥补自己在说话方面的短板，因为它并不是要求你在言辞上多么委婉或华丽，而是简单明了地说清楚自己的诉求。

19世纪的法国作家左拉为发表自己的处女作《给妮侬的故事》，颇经历了一番波折。刚开始，他捧着自己的书稿，拜访了三家出版社去推销自己的作品，但都未获得成功。不过他没有放弃，紧接着又找到了第四家出版社。

走到第四家出版商拉克鲁瓦的办公室门口，左拉有点沮丧，担心再次被拒，便有了退却的想法。但为了不辜负自己的付出，他决定勇敢一点，也相信肯定会有人赏识自己的才华。

左拉深吸一口气，敲了办公室的门，只听里面说了一句“请进！”

左拉走进办公室，拉克鲁瓦抬头看了一下手里捧着书稿的左拉，便问道：“你是要出书吗？”

左拉几乎不假思索地说道："我已经拜访了三家出版社，但都被拒绝了，你这里是第四家，我希望也是最后一家。"

拉克鲁瓦愣住了，因为从来没有哪位作者会像这样对他说话，因为如果这样赤裸地讲出来自己的遭遇，书稿八成是无法出版了。不过，这个小伙子竟然敢这样讲。

看到拉克鲁瓦没说话，左拉又补充了一句："请相信我，你能从这本书里看到我的才华。"

拉克鲁瓦被左拉如此坦率的行为所吸引，也有些感动，但依然有点怀疑这个年轻人会不会是在吹牛，毕竟这个年头吹牛几乎不需要什么成本，有胆子就行。他决定留下左拉的作品仔细审阅一下。

看完后，拉克鲁瓦发现左拉确实很有才华，便决定出版这部名为《给妮侬的故事》的作品，还与左拉签订了长期的出版合同。

常言道："在家靠父母，出门靠朋友。"一个人一旦踏入社会，都需要他人的帮助，所以要切记一条求人办事的准则：说话诚恳。左拉没有一上来就说自己很有才华，而是先把自己之前的"悲惨"遭遇告诉对方，这是一种非常巧妙的说话策略。当然，至少对左拉而言，这种策略是"无心插柳柳成荫"，因为他只是想表达自己的诚意。

马上就到植树节了，上级部门给某机关分配了植树任务，机关上下几十个同志都没有异议，唯有几个老同志任凭主任怎么动员、劝导都不愿意参加，这让主任很尴尬。

下班后，主任把这几位"老顽童"叫到办公室，本打算对他们的行为进行一番批评教导，但转念一想，感觉他们都是老同志，直接批评可能面子上过不去，而且批评了也不一定起作用。于是，他临时换了一种策略。关上门后，主任轻声地对他们说："我现在遇到了一件很为难的事，想请你们帮个忙。"

奇怪的是，几位老同志做出了和上午完全相反的表态：“主任，你也不要为难了，我们会去参加的。”

其实，主任也没有用什么高超的说话策略，只是坦诚地说了句充满人情味的话。可见，求人办事态度很重要，一定要做到动之以情，晓之以理。

求人办事“脱口秀”

两军对垒，胜败的关键除了将帅的谋略、士兵的勇气之外，后勤的保障也是当仁不让的重心，所以才有“兵马未动，粮草先行”的典故。同样，求人办事也应该做到“事未说，礼先行”。当然，此礼非实物之礼，而是彬彬的措辞、礼貌的语言之类的说话点子。唯有把这些话语说到位了，才能够让对方敞开心扉，所求之事也自然水到渠成。下面通过一些实例，介绍一些求人办事时的说话技巧。

1. 间接表达法

所谓间接表达法就是摒弃那些命令式的口吻，而采用一种带有商量口吻的疑问句把有关请求提出来，这样婉转的措辞，听者也更容易接受。例如：

你能否尽快替我把这本书还给图书馆?

（比较：尽快替我把书还给图书馆！）

2. 悲观法

求人办事有成功的可能，也有失败的风险，不要总是以自己的意志来左右对方的行为，从而让对方尴尬。因此，遇到不太确定的事情时，可以采用悲观法，就是通过流露出不太相信能成功的想法把所求之事表达出来，这样就等于给对方留下退路，也显得你说话有礼节和分寸。例如：

你可能不愿意来，但我还是想麻烦你来一趟，咱们再好好谈谈。

3. 体谅法

在人际交往中，有时候明明知道自己打扰对方的场合不合适，但又没有其他办法，就需要先说明自己了解并体谅对方的心情，再把请求表达出来。例如：

我知道你上班忙没时间，不过实在没办法，只好希望你抽出周末的时间去一趟。

4. 自相矛盾法

提出请求前，先说自己本来是不想说的，用这种自相矛盾的口吻可以缓和语气。例如：

我本来不打算提这件事的，可你一直没帮我办。

5. 述因法

有时候把求人办事的原因讲出来，既可以让对方觉得你说的话有道理，同时也可以起到间接恭维的作用。例如：

在和银行打交道方面，与你相比，我充其量算是半路出家。要不这样，这件事你就替我办了吧！

6. 被动语态法

有时候，虽然表达的意思相似，但是语态不同，听者的感受也会大不一样。例如：

等事情成了，不会让你白忙活的。

（比较：如果按时完成，我就奖励你。）

7. 复数代词法

有时候，为了让自己的请求更有代表性，使用“我们”代替“我”会有更好的效果。这种礼貌性用法在政治活动、商务往来、学术交流中都适合使用。例如：

我们希望你能够出手帮这位老人说几句公道话。

8. 谦称法

用谦虚的自我称呼是礼貌交往的一个重要原则，不会给对方留下盛气凌人的感觉，也非常有助于自己树立良好的形象气质。例如：

晚辈失礼了，真不该为这点小事打扰您。

9. 感激法

提出请求后不等对方答应，就先用一些感激的话表明等事成之后自己在情感方面的立场。例如：

如果能够得到你的帮助，我们将感激不尽。

你的大恩大德，我们一辈子都不会忘记半分。

10. 暗示法

请求和自己关系较好的人做事，不必具体讲明，只要通过旁敲侧击来暗示一下，就可以达到目的，还不会让对方觉得尴尬。例如：

要是出差一周，我养的那只小猫在家没人喂，非得饿死。

（意思是说“要不，你来帮我照顾一周吧”。）

11. 淡化法

用一些轻描淡写的话把不方便直接发号施令的请求表达出来。例如：

能帮我把房间靠窗户的那片有斑点的地方再稍稍粉刷一下吗？

（实际上需要重重地粉刷一下。）

12. 夸大法

用夸张的语气把自己的处境表达出来，让对方觉得自己现在的请求其实并不过分。例如：

我是上天无路，入地无门了。

（意思是不到最后关头，是不会找你的。）

13. 重言法

借用同语反复的句式把相关解释、劝慰等话语表达出来，听起来自然，同时也显得通情达理。例如：

领导毕竟是领导。

（意思是这件事非你不行。）

14. 反语法

用反话可以表达亲密的揶揄或者暗暗的责备等，既可以起到打破僵局、盘活气氛的作用，也不会让对方觉得不自在。例如：

你真会开玩笑！

（实际上对方没有开玩笑。）

朋友找你帮忙，可见你平时是多么的热心肠！

（实际上对方很冷漠。）

15. 反问法

在有些场合，使用反问的句式会比直接陈述要委婉得体。例如：

我还能怎么办呢？

（比较：事情太糟了，我什么办法也没有。）

16. 笼而统之法

笼而统之法就是使用混合不分的语言把有关建议或要求直接表达出来，避免吆来喝去，令人反感。例如：

这里需要签个字。

（意思是请你在这里签个字。）

17. 不言自明法

直接阻止别人做某些事是不礼貌的，所以，有时只要把不好的潜在可能性稍微点一点，就能把有关想法或要求表达出来。例如：

我们公司已经半年没有发工资了，你们一下子收这么多卫生费……

（说到这里，对方就明白了。）

Chapter 5

第五章 会问是本事，巧答看实力

人与人沟通交流时，往往会涉及提问。一个好的问题，可以让整个谈话的氛围水涨船高；相反，一个蹩脚的问题，有可能会像掉进锅里的一只老鼠，体积不大，破坏力惊人。当然，问得巧，答得妙，才是说话的绝配。所以即便有些问题一般，但回答的人把话说到了点子上，亦如妙手回春的医生救病人于危难。抛开说话的艺术性，会问方显一个人的本事，会答也才能彰显一个人的魅力。

封闭式提问：有限选择最好的结果

通常情况下，当我们想让某人对某件事做出明确回答，或者促使对方下定决心时，有多种提问方式，比如，以比较温和的态度请求说："你觉得……如何？"但有时候，为了不给对方留有摇摆或动摇的余地，而想让对方直接且由衷地回答问题时，采用封闭式提问的方法，效果最佳。

所谓封闭式问题，就是缩小回答问题的范围，或者对回答的内容进行一定限制，也可以在提问时给对方一个框架，让对方在有限的答案中进行选择。这样的提问方式可以让回答者按照指定的思路去说，而不至于跑题。

孙雨与朋友合伙在市中心的黄金地段开了一家咖啡店，主要销售咖啡和茶，不过让他郁闷的是该店自开业以来生意一直不甚理想。孙雨觉得老这样下去肯定不行，便找了个曾经做过市场营销的朋友到店里体验一把，看问题究竟出在哪里。

他的朋友当天就以一个普通顾客的身份来到店里，服务员很热情地迎上来，问道："先生，请问需要来杯咖啡吗？"这位朋友看了服务员一眼，说"不需要"。紧接着，服务员又问道："那泡壶茶怎么样？"孙雨的这位朋友没有多说什么，就点了一壶铁观音在那里独自品尝，顺便观察服务员对周边其他顾客的服务。

第二天，孙雨很早地来到店里，开始营业之前，给所有服务员开了一个会，并让他们把对顾客的询问统统改成这样：您好，请问您是喝咖啡还是喝茶？原来，孙雨的朋友体验完之后，对环境和产品都给予了较高的评价，唯有服务员的询问方式让他有点不舒服。孙雨根据朋友的建议调整了服务员的询问方式没多久，小店的营业额就有了明显的提升。

其实，小店服务员最初的询问方式效果之所以不佳，主要是因为它给一般的顾客提供了回答否定的借口。后来采用的询问方式因为多出一种选择，把小店的产品都覆盖到了。一般情况下，这种选择式的问题，可以有效限定顾客的注意力，让他们在限定的范围内做出选择，这样的话，主动权就会在服务员身上，而非顾客身上。

在用封闭式方法提问的时候，我们也可以通过一些控制潜意识的方法，让对方的思路朝着有利于我们期待的方向进行选择。说到这个方法，就不能不提一个很有名的心理试验——AB箱试验。

试验者先是让听众想象一下，在他们面前摆放了两个“箱子”，分别以“A”和“B”代称。然后，试验者用左手和右手分别比画了一下A、B两个箱子的轮廓以及它们所在的位置，随后放下双手。紧接着，试验者在让大家凭直觉想象其中一个箱子时，同时举起了自己的右手，并指向“B箱”所在的位置。接着，试验者对听众说道：“现在请大家直接想象一下你们脑子里出现的箱子，并告诉我是哪一个。”听众几乎是异口同声地回答：“B箱。”

在这个试验中，听众们自己或许认为之所以选择B箱，只是源于第一意识，与他人无关。实际上，并非如此，因为试验者通过这样一个暗示性的动作，控制了听众的潜意识，并引导了他们的选择，只是对方没有觉察到而已。

这种控制潜意识的方法，其实在我们的日常生活中很常见。比如，周末你约了一个朋友到市中心的一条美食街上打算吃火锅，结果有两家都挺不错的，不过你更倾向于一家规模虽小、但整体格局比较温馨的店。此时，不妨利用“AB箱试验”，对朋友说：“前面那家火锅店规模大，更显时尚，这家火锅店规模小，更显温馨，你觉得去哪家好？”说完之后，不要把指向旁边小规模火锅店的那只手放下来，相信你的朋友肯定会说去这家小规模的。

再举一个销售方面的例子。假如你是一家房地产的客户经理，在和一个客户谈完准备签约时，不妨把两份合同都摆在客户面前，并问他：“这里有两份合同，一份是分期付款，一份是一次性付清，你看你选择哪一种？”当你这样说的时候，看着对方的眼睛，并把手放在一次性付清的合同上。此时，不要额外给客户施加压力，让他平心静气地选择，客户多半会选择一次性付清合同。

另外，在运用封闭式提问方法的时候，最好把你更喜欢的那个结果放在后面，或者在讲到这个选项时放慢语速，或者把语调上调。这样一来，客户会无意识地偏向你所期望的那个结果。

开放式提问：撬开对方心扉的法宝

开放式问题，顾名思义就是与封闭式问题相对。有时候，我们为了让谈话有效地进行下去，或者想获得更全面、更深刻的信息，就要多提开放式问题。开放式问题有点类似于中学生考卷中的问答题，不是一两个词就可以回答的。这种问题一般都需要解释和说明，同时也可以向对方表示你对他们说的话很感兴趣，想了解更多的内容。

那么，什么是开放式的问题呢？下面举个例子来说明一下。

A："你好吗？"

B："很好！"

A问B"你好吗？"B不知道A到底问他哪一个好，是身体、心情，还是其他什么。他回答说"很好！"A当然也不知道他哪里很好，工作、感情好，还是生活好。这种问题就是开放式的问题，就是问得很广泛，回答的余地也很广泛。

"最近怎么样？"这样的问题通常得到的也是泛泛的信息，通常在关系一般或者互相还不太了解的情况下使用这种提问方式，在得到对方的信息之后再提出相对有针对性的问题。比如，走在路上偶遇一个很久没见的熟人，你对他的近况也不太了解，出于礼貌就会打招呼：

A:“最近忙不？”

B:“还好，不是很忙。”

A:“吃过饭了吗？”

B:“还没吃。”

A:“哦！那你准备干什么去？”

B:“我，哦，也不干什么。”

因为问的都是封闭式的问题，所以随着交谈的深入就会发现你的问题也变得越来越没有味道，交流也会陷入一种越来越尴尬的境地。

因此，与人沟通的前期阶段，最好先采用开放式问题，也可以穿插封闭式问题，但这样的问题不能太多。问开放式问题的一个非常大的好处是可以从中寻找话题，话题多了，交流自然也就多了；交流多了，对方的心扉就会自然而然地向你敞开，你们的关系也会更近一步。

开放式提问就是要摆脱所谓的条条框框，让对方回答的时候可以畅所欲言。这种提问常见的关键词有“什么”“怎么样”“为什么”等。比如，“你对我去国外留学这个计划有什么看法吗？”“周末去植物园赏花怎么样？”“为什么你不愿意尝试一下呢？”

即便有时候这样的问题只是出于礼貌，象征性地问一下，也可以借此试探一下对方交谈的兴趣：对方想说，就会长篇大论；不想说，就会做简短回答。另外，从对方的回答里，也可以发现新的话题，为接下来的谈话准备提问的素材。开放式问题可以环环相扣，这样一来，随着交流的深入，你获得的信息也会更加丰富。还是以两个人碰面为例，重新开始一段谈话，看看会有什么不同的效果：

“最近忙什么呢？”

“年底了嘛，当然是忙着冲业绩，今年的指标完成的没有去年的好啊！”

“难怪好久都不见你了。那现在是什么情况？说一说，看有什么地方是我能够帮到你的。”

“我50万的年度指标现在完成了80%，所以接下来两个月要赶紧把这个缺口补上。不过因为也到年底了，所以大部分公司的预算都用完了。”

“哦，这样啊。我们公司可能还要搞一个庆典，回头我也帮你问问，到时候要找策划公司，我回头也帮你搭个桥，牵个线。”

“哎呀，要真是这样的话那就太好了，如果这单成了，回头一定请你好好吃一顿。”

就这样，问题从原来的“忙不忙”变为“忙什么”，结果就大不一样。“忙不忙”在很多人眼里就是客套话，所以为了节省自己的时间，对方也会觉得没必要认真回答。当你问“忙什么”时，对方自然会觉得你很重视他，回答的时候也会很给力。当然，关键是，“忙不忙”是一个选择性很强的封闭式问题，对方回答的时候思维已经被局限在忙和不忙之间。如果用“忙什么”，那么对方回答的自由度就会大增，回答起来也会更加亲切。

所以，如果想和对方进行实质性的沟通，就可以多问一些开放式的问题，这样也会把你们的关系拉得更近一些。另外，对方说得越多，说明对你越信任，而这正是你打开对方心扉的法宝。

问还是不问，这是一个问题

问，贯穿于人与人沟通交流的始终，比如小到陌生人之间的寒暄，大到国家之间的磋商。从表面上看，问的重心在回答者的一方，所以难度也在回答者一方。事实上，把问题问到点子上很能考验一个人的说话能力。针对应该问的问题，你问到了，对方答得愉快，你自己听着也悦耳；针对不该问的问题，你问到了，别人尴尬，你也着急。所以，问还是不问，这是一个值得思考的问题。

那么，有哪些问题是该问的呢？首先，就是那些明知故问的问题。比如："听说你最近买了一个iPhone，用起来很酷吧？""听说你最近又出了一本历史题材方面的书籍，一定很畅销吧？"事实上，你对自己所问问题的答案多少都会有所了解，但你还是想通过这种问的方式，让对方感觉到你很在意对方，从而赢得对方的好感。接下来，你们可能就会针对你问的这个问题展开更广泛的讨论，互相之间的关系也会更为融洽。

好奇心人皆有之，用对地方了，会让自己从中获益良多，但是用不到地方，只会给自己带来麻烦，比如控制不住自己的好奇心，问一些不该问的问题。我们都知道，在社交场合，男女各有自己的谈话禁忌，如不问男士工资，不问女士年龄。这些话题对方不愿意讨论，如果你只是为了满足自己的好奇心，一味追问，只会招致对方的反感。

在社交场合，问错了问题，或许只会造成一个尴尬的局面，但是在商场或市场，问错了问题，就会带来直接经济上的损失。

有一天，一家跨国公司北美营业部的CEO弗雷德在和一个朋友聊天的时候，突然情绪激动地咆哮道："我真想把他们从我的办公室里扔出去！"

朋友疑惑不解，问道："什么事让你如此烦躁？"

"凡是你能够说得出名字的公司，"弗雷德告诉朋友，"包括IBM、麦肯锡、高盛，他们总是试图向我兜售自己的产品。"

弗雷德以前是一家世界著名银行的首席信息官（CIO），每年都会有成百上千的销售员给他打电话。弗雷德很聪明，也非常强硬，容不得任何愚蠢的行为。

"你真的把他们扔出了你的办公室，还是说开个玩笑？"这位朋友问他。弗雷德回答："我没开玩笑，因为他们问了一个十分愚蠢的问题。"

"什么问题？"

"是什么让你彻夜失眠的？"弗雷德摇了摇头，继续说道，"太过分了，怎么会有这么可怕的问题，陈词滥调，没有一点新意。我觉得只有天下最懒惰的销售员才会问这样的问题，但事实上，似乎每一个销售员就像统一培训或者提前商量好的一样，都在问我这个问题。"

"这样的推销方式对你不管用？"朋友问道。

"是的，一点用都没有，而且对任何人都如此！"

接着，弗雷德从3个方面对这个问题的愚蠢性做了深刻的剖析。

毫无疑问，任何想让弗雷德成为自己客户的销售员都不能从类似的问题上收获半点益处，因为只要一开口，就会被对方"扔出"办公室。

人们常说"路边的野花不要采"，同样，不该问的问题也不要碰。下面就是人们根据经验总结出来的不宜问的问题：

1. 别人的隐私

每个人都会有自己的隐私，比如工资、存款、年龄、夫妻感情、不愿公开的工作计划或者一些之前发生的丑事等。询问隐私本身就是一种不太礼貌的行为，如果不加克制，势必会激怒对方的情绪，造成冲突。因此，在你向对方提问之前，应先在脑子中过滤一下，看这样的问题是否会涉及对方的隐私，如果有，那就不要问。

2. 对方不知道的问题

如果不确定对方是否有能力回答你提出的问题，那么就要慎重一些。比如你问一个地方官员去年全国发生的乙肝病例是多少，他就可能回答不上来。回答不上来你提出的问题，对方没面子，你也会感到不好意思。

3. 同行的状况

俗话说："文人相轻，同行相忌。"在市场经济环境下，竞争日趋激烈，人们往往不愿将自身的经营状况与竞争对手过多交流。问这样的问题，势必会让对方尴尬。

另外，在问别人问题时，还要注意不要打破砂锅问到底。在老师眼里，那些打破砂锅问到底的学生大都有着炽热的求知欲，学习成绩一般也不差，所以老师也鼓励学生这样去做。但踏入社会或者换个场合之后，这种行为不见得就是好的。比如你问对方是哪里的，对方说"广州"，接下来就不要再问了。如果对方想说，他自然会说得更详细，之所以没说，是因为不想让你知道得太详细。所以，问问题要适可而止。

总之，在与人的交往过程中，要时刻谨记该问的问，不该问的不问。要知道，谈话是为了让双方都产生兴趣，而不是为了维护一方的兴趣。

模糊答案巧应对

在日常生活中，难免会遇到自己不想答或者不方便在公众场合回答的问题，如果当面拒绝会很没礼貌，而且显得自己缺乏教养。此时，如果采用模糊应对的技巧，既能礼貌答复，也不会给沟通造成障碍。

2014年6月，李克强总理到英国进行访问，当时正值英国就苏格兰独立问题进行公投。

在记者招待会上，有位英国记者就这一事件开门见山地问李克强总理："请问李总理，您是支持苏格兰继续留在联合王国呢，还是赞成它成为一个独立的国家？"

李克强总理想了一下，说道："我尊重英国人民的选择，也希望贵国能够继续保持繁荣和稳定！"李克强总理巧妙的回答赢得了台下一片掌声。

在那样的环境下，李克强总理无论说支持哪一方，都不太合适。所以，李克强总理采取扩大概念的方式，表示尊重英国人民的选择。也就是说，不管哪一方，在公投前都属于英国人民，结果如何，都是英国人民的选择。李克强总理的这种回答方式，既表达了自己的立场——尊重英国人民的选择，也合乎外交礼仪的规范，可谓恰到好处。对于一些不好回答的问题，不妨扩大外延，制造模糊的概念，往往可以避开问题核心，又不失礼节。

刘昌毅将军是许世友的下属，打仗勇猛，酒量更是过人。在中国对越南的边境自卫反击战前夕，他被许世友叫过去，心里面已经在揣摩着可能要去前线打仗了。见面后，许世友啥也没说，直接拿出三瓶茅台，问他敢不敢喝。

刘昌毅还没搞明白怎么回事，大声地说："当兵的从来没有敢不敢，只有该不该。硬仗我已经打的不计其数了，死都不怕，还怕喝酒吗；我连命都可以舍掉，还会舍不掉酒吗？"

听完刘昌毅这段慷慨激昂的陈词，许世友大笑着拍了拍他的肩膀，说道："我是怕你年龄大了，没了锐气，现在看来，你还是从前的刘昌毅。我马上要上前线了，你来给我当副司令吧！"

一开始，刘昌毅不明白许世友拿酒的意图：如果是用酒来测他的锐气，那么不喝显然不妥；如果是想看他是否贪杯，那么喝了肯定坏事。刘昌毅没有给出明确概念，而是模棱两可地把"敢不敢"的问题转化为"该不该"，既表达了自己的决心，也赢得了许世友的认可。有时候，拿不准对方的意图，就要模糊应对，为自己留余地。

贵为世界级的豪门望族——罗斯柴尔德家族却以低调、神秘著称。一次，第六代掌门人大卫·罗斯柴尔德接受独家专访，主持人问他："有人说，罗斯柴尔德家族依靠累积的声望和影响力，只和政府做大生意，你觉得这样说准确吗？"

大卫笑着说："我们家族确实有一个祖训——一定要和国王一起散步。不过，现在的国家都不再是国王的了，对吗？"主持人听后，觉察到对方不想谈这个话题，就转向了另外一个话题。

面对主持人的问题，大卫如果说"是"，那么肯定会让外人觉得他们家族攀附权贵；如果说"不是"，一时半会又无法扭转人们的固有印象，反而会激起更大的讨论。他很明智地用一句模棱两可的话作为回复：确实有祖训，但时代变迁，今非昔比了。貌似回答了问题，但对方并没有得到想要的答案。当面对不好回答的问题时，把肯定的话和否定的话都说一点，但也不说透，会给对方一种似是而非的感觉，从而给出到此为止的暗示。

如果我们所说的话涉及原则问题，就应该严肃一点，态度明确一点。如果不涉及原则，只是社交礼仪上的需要，就要避免正面回答所造成的尴尬或者拒绝回答带来的难堪。当然，这种模糊应对的方法也要看时机、分场合，该用则用，不该用则弃，否则用得太多，势必会给人一种不真诚的印象。

借他人之口，解自己之困

如果我们不自我设限，就会发现这个世界上能借的东西很多，包括他人之口。有时候，自己想获得一个信息，直接问太唐突，间接问太麻烦，不问的话，心中的焦虑又无处释放，所以此时最好的办法就是借他人之口，解自己之困。

高琳在一家外企公司给总经理当秘书。一次和总经理到外地见客户，谈一个很重要的项目。本来说好的两天的谈判，结果一个星期都快过去了，还是不见有任何结果。为了获悉谈判进展，同时也为了提前安排总经理的日常工作，便想确认一下何时返程。不过，高琳觉得如果直接问总经理的话很不礼貌，便想出一个好办法，她对总经理说："酒店服务台刚才打来电话说有预订机票的优惠服务，问我们是否需要。我们要不要现在回复？"总经理思考了一下，说："问一下他们能不能订明天的票。"这样一来，高琳心中有数，也开始有条不紊地安排起返程的准备。

高琳借用"酒店"之口来问自己想知道的问题，避免了贸然催促总经理而带来的不快，不得不说很高明。借他人之口，听者不易发现你的目的，而你也无须有什么避讳之处。这种方法看似简单，如果处理不好难免会出现疏漏，弄巧成拙。下面是几种常用的"借口"方法，可以作为日常提问的参考。

1．借大家之口

向某些名人或者身份特殊的公众人物直接提问可能会冒犯对方，此时可以借用一些宽泛且模糊的“大家”“我们”来发问，比如：“大家想知道……”“你能不能给我们解释一下？”这种问法会给对方造成一种印象，即这些问题不是我想问，而是大家想问，不是我想知道，而是我们想知道。这样既显得亲切，被问者也会考虑到自己的话不是说给某一个人听，而是给一群人听，因此讲起来也会更给力。当然，既然是借大家之口，就要问一些意义重大、关注度高的公共问题，而不能问一些只和自己有关的问题。另外，既然是公众人物，就要顾及人家的隐私，不能问些过于粗俗或与主题无关的问题。

2. 借上级之口

工作的时候，难免会与不同部门、级别的人打交道，自然会遇到某些比较势利的人。遇到问题，如果以自己的名义向对方发问，比如，你问另一个部门和你级别差不多的同事工作报告准备得怎么样了，而此人正好就属于那种比较势利的人，他很可能不会正儿八经地回答你，因为这样会让他们觉得很没面子。相反，如果你说：“小刘，主任让我来问问，你们的工作报告准备得怎么样了。”这样一来，他就会重新审视你的问题，并做出严肃的回答。因为一旦你这样问，你的身份就发生了转变，由“办事者”变为“传话人”。这样即便他再怎么看你不顺眼，也不会违背主任的意志。虽然有时候借用上级领导的头衔会显得官腔十足，但关键时刻，它往往能起到奇效。

3. 借不相关人之口

有些问题不方便直接问，但又没有现成的他人之口可借时，不妨找一个和此问题不相关的人来问。比如，你是一位未婚女士，想向朋友咨询一些妇科方面的疾病，为了不让对方知道自己的隐私，不妨借一个“朋友”之口，说：“我有个同学……”当然，你说的这个同学根本不存在，但这不重要，重要的是你从朋友那里获得了你想要的信息，而朋友也不知道你是在咨询自己的问题，自然不会暴露你的隐私，日后也会省去很多麻烦。

像苏格拉底一样思考

苏格拉底是古希腊著名的哲学家、教育家，也是一位非常善于提出问题的大师。他并非采取对着众人演讲的方式教导学生，而是通过一系列发人深省的问题引导他们自由思考。通过这些问题，学生能够在学习的过程中自主地提升思维能力。尽管只是一点一点地渗透，但是苏格拉底的问题总能够揭示问题本质，直指事物核心。

青年欧谛德漠想成为一名政治家，为了能够让他正确认识和理解什么是正义，苏格拉底便和他展开了一段对话。

苏格拉底："虚伪应当归于哪一类？"

欧谛德漠："自然应该归于非正义一类。"

苏格拉底："偷盗、欺骗、奴役等应归于哪一类？"

欧谛德漠："应归于非正义一类。"

苏格拉底："如果一个将军惩罚那些严重损害自家利益的敌人，并对其采取了奴役的手段，能说这是非正义吗？"

欧谛德漠："不能。"

苏格拉底："如果他偷走了敌人的财物或在作战中欺骗了敌人，该如何断定？"

欧谛德漠："这当然没问题，但我指的是欺骗朋友。"

苏格拉底："好吧，那我们就讨论一下朋友间的问题。倘若一个将军所统帅的军队丧失了进攻的勇气，他欺骗士兵说援军马上就到，以此来鼓舞士气，且取得了最后胜利。这种行为应怎样理解？"

欧谛德漠："也应算是正义的。"

苏格拉底："如果小孩生病，却不肯服药，父亲骗他说药很好吃，结果治好了他的病，这种行为该属于哪一类呢？"

欧谛德漠："应属于正义一类。"

苏格拉底："如果一个人发了疯，他的朋友怕他自杀，偷走了他的刀，这种偷盗是正义的吗？"

欧谛德漠："它们属于同一类情况。"

苏格拉底："你不是认为朋友间不能存在欺骗吗？"

欧谛德漠："请允许我收回我刚才说过的话。"

通过这个故事我们会发现，苏格拉底采用问答法，环环紧扣，步步推进，启发诱导，而他判断的标准都是一般的社会准则。苏格拉底经常以"什么是美德""什么是美好"展开他与别人的讨论。苏格拉底自己似乎对这一方法格外提倡，曾经甚至说过："人类最高级的智慧就是向自己或他人提问。"现在世界上很多大学都在采用苏格拉底提问法，最有名的就是哈佛大学商学院。

那么，究竟该怎样才能将苏格拉底的方法运用到日常工作和生活中呢？怎样才能像苏格拉底一样思考呢？

首先，应该学会从提问开始，不要声明、阐述或者命令。比如：不要说"我们必须要改进客服质量"，而应试着问"你如何评价我们目前的客服水平"；不要说"你要明白，如果你不在一个月内找到工作，我们就会停止对你发放津贴"，而应试着问"你对找工作有什么新的想法吗"；不要说"对于你的臭脾气，我实在是受够了"，而应试着问"你发脾气的时候，是否想过这会影响你与家人的关系"。

其次，问一些最基本的、他人都会想到的问题。比如，在工作中，有人说：“咱们需要更多的创新。”你不妨问：“在你眼里，创新是什么？”当你听到有人发出团队合作的倡议时，可以问：“当你说‘团队’时，你的意思是什么？”

在和朋友一起聊天时，如果对方一直抱怨家庭和事业无法平衡，你可以问他：“什么样的状态才算是家庭和事业的平衡？”如果有人说：“我不信任他。”此时你可以回应：“在这种情况下，对你而言，信任是什么？”

诸如此类的问题能够引导谈话各方进入更深层次的讨论，也会引起他们更全面的思考。如果能做到这点，那么你也会赢得“智慧导师”的声誉，即引导别人步入正轨，而非将自己的观点强加于人。

总之，我们要汲取苏格拉底说话的精髓，勇敢走出自我束缚的小圈。多提出一些假设性的、谁都会想当然地用肯定词语回答的问题。只要能够真正将这种问问题的方式融会贯通、学以致用，就能让你的每一次交流都与众不同。

巧用反问，占据主动

面对他人的提问，我们常规反应是对其做出回答，但有时候我们不清楚提问者的动机，不想直接回答，此时就可以采用反问的方式进行回应，这样做就相当于把“球”踢给了对方，主动权也就转移到了自己身上。

比如，关系一般的同事问你是否有女朋友，如果不想回答，就可以反问说：“你为什么想知道？”或者在大型商场，有顾客问：“这款口红还有别的颜色吗？还是说只有你们展示的象牙白和流炫红？”此时，因为你并不清楚顾客究竟喜欢什么颜色，也不知道她这样问的目的是什么，所以盲目回答都有可能将自己置于一种尴尬的处境。面对这种情况，不妨说：“你需要什么颜色的？”然后，再根据顾客的情况有针对性地提出自己的看法，就会收到很好的效果。

沃克是美国经理人保险公司的创办者，在做业务的时候，他就是一个非常善用反问技巧的推销高手。下面是他与一位顾客的对话。

顾客：“你为我推荐的方案让我印象很深刻，要不这样，你留一张你的名片，我过两天给你打电话再细聊。”

沃克：“非常感谢你对我的认可，但是我可以问一下为什么要过两天才给我打电话呢？”

顾客：“因为我要再仔细考虑一下这个方案才能决定是否要投保。”

沃克："我能否再冒昧地问一句，您为什么总是要事先详细考虑一下呢？"

顾客："大约10年前，有个家伙向我推销了一款防风窗户。他说的很好，也做出了各种承诺，所以我几乎没怎么考虑就签了合同。结果，因为疏忽大意，给我造成了多年的烦恼。"

沃克："对于这件事，我深表同情。那你认为10年前与一位防风窗户推销员打交道的经历，阻止你10年后接受这套计划的原因是什么？"

顾客："那次经历让我变成了一个非常谨慎的人，同时也养成了一个习惯，就是做任何事情前都要详加考虑，以便不做出错误的决定。"

沃克："哦，我明白了，也能体会你的感受。那么除了这点外，还有别的什么因素阻止你接受这套方案吗？"

顾客："其他的没有了，主要就是这一点。"

现在，人们应该清楚为什么顾客不能立刻下单了吧。沃克不但知道了，而且最后也获得了这位顾客的保单。很多从事销售方面工作的人员经常会遇到顾客来自各方面的异议，有些人觉得困难像刺猬，应对起来很难，有些人的感觉却恰好相反。实践证明，遇到类似这样的困境时，用反问的说话技巧经常可以发挥出显著的效果。

当然，反问的目的并非是说把什么东西推脱掉，而是要找到一个巧妙化解异议的方法。针对他人提出的异议，可以用问题做一些引导，以此来获得对方的真实想法。先来看几个案例：

顾客："这件衣服不太好看！"

销售员："哪里不太好看，样式还是颜色？"

顾客："这个东西怎么像假的一样？"

销售员："您觉得哪里不像真的？"

顾客："这个包太贵了！"

销售员："那您心目中的价位是多少？"

顾客："这衣服挺不错的，只是……"

销售员："既然不错，为什么不买下来呢？"

上面这些异议是销售人员经常会遇到的，而且有经验的人也都知道该如何应对。当你用反问的方式处理客户的这些异议时，不仅把"刺猬"抛给了对方，还可以从中了解到更多的信息。此刻，顾客提出的异议如果没有依据，就很难对你的反问做出回答。

有一次，英国某个电视台的记者采访梁晓声，问道："如果中国没有发生文化大革命，也就不会产生你们这一代的青年作家，那么在你看来，"文化大革命"是好还是不好？"谁都能看出，这个问题纯粹就是一种刁难。好在梁晓声灵机一动，反问道："如果没有第二次世界大战，也就不会出现以反映'二战'而著名的作家，那么在你看来'二战'是好是坏？"

英国记者先是一愣，无言以对。梁晓声就是运用反问的技巧，既化解了自己的尴尬，又让对方陷于被动的局面。

不管你是什么身份，在日常生活中灵活运用反问的说话技巧，往往会变被动为主动。这样一来，当你在与别人交谈时，就不用被他人牵着鼻子走。

妙语巧答不落俗套

问的方式有多少种，答的技巧就有多少样。有时候我们会称赞他人问得好，有时候也会称赞他人答得巧。问的时候或许有善意和恶意之分，但答的目的就一个，即说到点子上。这个点子有时候会以严肃的方式表达出来，有时候会以诙谐的方式表达出来，有时候也会以讽刺的方式表达出来，不管哪种方式，说到点子上的回答都是妙语在助力。下面是一些从经验中总结出来的巧答方法。

1. 以谬制谬法

谬就是荒谬，非常不合情理的意思。针对这样的问题，如果认真、刻板，就会掉入对方设立的圈套，所以可以采用以谬制谬的方法来巧妙回应。

我国著名学者陆侃如于1932年入法国巴黎大学求学，三年后获得博士学位。在博士论文答辩会上，主考人问了一个非常奇怪的问题：“《孔雀东南飞》里面为何不能写成‘孔雀西北飞’？”陆侃如听完后略加思索，答道：“西北有高楼。”

陆侃如引用的是《古诗十九首·西北有高楼》中的句子，其本身和《孔雀东南飞》毫不相干，但用来回答主考人的问题可谓再恰当不过。正因为“西北有高楼，上与浮云齐”，孔雀自然是飞不过去了，所以只能在东南方向来回穿梭。

2. 巧借前提法

有时候，巧妙利用提问者所说的前提来回答，能够收到出人意料的效果。

在一次记者招待会上，《纽约时报》的记者问美国前国务卿基辛格："到时候，你打算滴滴答答地宣布呢，还是来个倾盆大雨式的成批发表？"基辛格略加思索，装作很认真的样子回答："我打算滴滴答答地宣布，再倾盆大雨式的成批发表。"说完，会场一阵大笑。

3. 将错就错法

言谈中有些人说错话，但又不愿意承认，这时不妨将计就计地制造更大的错误，促使对方反省。

男士A说："真不想上班，要是天天在家里陪老婆打麻将，或者陪孩子玩游戏该多好啊！"

男士B说："是啊，我还想在家生孩子，让老婆养我呢！"

男士A一听，立马就领会到自己说错话了。

4. 借题发挥法

如果对方不怀好意，所问问题让我们陷入尴尬，就可以采用对方用以揶揄的话来进行反击。

某西方记者对我国外交官不怀好意地问："当中美关系实现正常化时，你在中国遇到过政治上的反对吗？"我国外交官立马回复道："当然有啊，就在中国的台湾。"

5. 设定条件法

有些问题很无聊，可以在分清前提下采用设定条件法来回答。

问："你说被一只黑猫跟踪是凶是吉？"

答："那要看你是鼠还是猫。"

6. 答非所问法

碰到有些涉及隐私的问题时，可以避实就虚，答非所问。

日本电影明星中野良子有一次来中国，被问道何时结婚，她笑着说："你们放心，到时候我肯定来中国度蜜月。"

7. 反唇相讥法

如果对方的问题不礼貌或者带有讽刺、挑衅的味道，那么你的回答也不用太客气，甚至可以采用反唇相讥法来进行反驳。

日本总理大臣吉田茂晚年丧妻，有位女记者不怀好意地问他："阁下对女人有什么想法吗？"吉田茂看了一下这位记者，冷冰冰地说道："过去有很多想法，自从看到你，就没有任何想法了。"很显然，在公共场合问国家领导人这样的问题很不礼貌，而吉田茂这样讽刺对方，只会让对方没趣，自己反而会得到支持。

8. 否定前提法

有时候，对方的问题表面上看是让你回答其中的一个点，但其观点、倾向本身就是不对的，此时就需要对其前提进行否定。

比如法官问："你是否停止了打小孩？"如果直接回答问题，势必会掉入对方的语言陷阱，说明你的确打过。所以你需要对其前提做出明确的回复："我从来没有打过小孩。"

Chapter 6

第六章 劝说攻心术，一语胜千言

俗话说“擒贼先擒王”，说话有着与此相似的逻辑，即劝说要攻心。劝说攻心既是抓住了问题的核心，也是相当于把说话的点往正确的轨道上靠拢。攻心是一个笼统的说法，具体怎么攻，仁者见仁，智者见智。但攻心依然有一些普遍适用的原则，比如劝说时采用同理心、同情心，阐明利害关系等。把道理讲明白了，把利害说清楚了，把思绪理顺了，对方的心就会不攻自破。

逆向思维巧劝服

生活中经常会遇到身边的人因为一些琐事而向我们诉苦。更有甚者，有的夫妻一吵架就说些要死要活的狠话。对于这种情况，置之不理显然不合乎人情，毕竟这样的星火矛盾如果不及时化解，就有可能迅速演变为燎原之灾。但太当回事，也不一定就能起到作用。此时，如果我们仔细揣摩一下诉苦方的心理，用逆向思维巧攻一下它的虚处，说不定就能让事态往好的方向发展。

周末，有一位经常宅在家里的太太到邻居张女士家里诉苦，说自己的丈夫很不像话，经常在外面乱来，对家庭也不关心，最后还信誓旦旦地说要和丈夫离婚。

张女士知道，这位太太原本很爱自己的丈夫，丈夫也很爱她，他们曾经是小区里公认的模范夫妻。最近，丈夫的公司出了点事，不能像往常一样准时回家，她便四处向街坊、朋友诉苦，并放出离婚的狠话。

因为对这位太太诉苦的戏码有了一定的心理准备，所以张女士也不足为奇。为了节省时间，不再和她这样耗下去，张女士决定不再像往常那样正面劝她，也没有帮她谴责她的丈夫，而是装出一副慎重思考的样子，并告诉她："像这种没有责任感的男人，趁早离婚也好，免得日后受罪。"

果不其然，那位太太听完张女士的话后愣住了，脸色也变得有点难看。她本以为张女士会像大家一样同情她的处境，安慰她的情绪，没想到对方竟然劝自己离婚，所以也没再说什么，坐了一会儿便离开了。

张女士后来发现，那位太太像变了个人似的，再也没有向邻居们诉说丈夫的不是，反而在聊天的时候，能站在别人的立场上体谅他人。当然，他们没有离婚，而且夫妻的感情也越来越好。

有人站在楼顶或者江河的桥上一心寻死，旁人如果一味地从“别做傻事”“有什么想不开的呢？”这样传统的老套路去劝解，只会加剧对方悲观的情绪，无法消除他自杀的念头。相反，如果说：“要是你真的在世上了无牵挂了，那就跳吧！”听到这种明显违背常理又违背他期待的劝说，对方必定会感到恐惧，进而反思自己的价值，说不定会想：既然想看我的笑话，我就偏不跳，让你们的计谋无法得逞。

事实上，这种心理并非凭空捏造，而是有科学依据的。心理学家认为，人类身上有一种探究的本能，凡遇事都想知道个所以然，以揭示其中的奥秘。就是这样的本能激发了人类的好奇心，驱使他们找到事情的真相。当这样的本能欲望被禁锢得越强烈时，人的抗拒心理也会越大。每个人的心里都藏着某种程度的逆反心理，别人告诉你说“不准看”，你就偏要看；别人告诉你“不准做”，你就偏要做。本来想自杀的人在听到别人让他跳下去的劝告时最终放弃了自杀的想法，正是由于他们的逆反心理在起作用。

现实生活中，别人嘴上怎么说的，或者行为上怎么表现的，都不是最根本的，他们心里怎么想的，才是最重要的。所以，用逆向思维巧妙攻心，可不战而降人。

刘烁是一家公司的人事经理，在和一些年轻同事交往的过程中，发现这些年轻人都不想自己吃亏，还总喜欢贪点小便宜，有一次还因为这个差点起了冲突。一天，他把几个年轻的同事叫到办公室，谈起了“什么是真正的朋友以及怎样认识这些朋友”的话题。刘烁说：“真诚是朋友关系最核心的纽带，而且，你们也应该知道，那些在饭桌上主动埋单的人并非人傻或者钱多炫富，而是他们认为友谊比金钱更重要；合作时总是让利的人，也不是对方笨，而是他们知道分享；吵架后先道歉的人，不是对方错，而是他们懂得珍惜；工作中愿意多付出的人，也不是因为呆，而是知道何为责任。来自五湖四海的人能够相遇本身就是一种缘分，但想要相处得融洽，还必须拿出自己身上的诚意和信誉。想成为一个什么样的人，是个值得深思的问题。”

听完刘烁的这番话，大家都略有所思。后来，有个小伙子主动找到刘烁，向他对自己以前的行为表示道歉，还说以后会和同事互帮互助，不再总是以自我为中心了。

在说服的过程中，刘烁运用逆向思维把人们在工作生活中习以为常的做法进行了提纲挈领式的逆向分析，描述具体，道理充分，突显了诚信待人处世的精髓，自然会让大家铭记在心。

以弱克强博同情

在说服别人的时候，适当示弱，可以博取对方的同情，从而让说服变得更加顺利。那么，为何示弱就可以博取同情，并增强说服力度呢？这是因为人具有与生俱来的同情天性。

亚当·斯密曾经说过：“最大的恶棍，严重触犯社会法律的人，也不会全然丧失同情心。”的确如此，人们总会对别人的命运产生兴趣，不论是别人的幸运还是不幸。当一个人亲眼看见或设身处地地想象到他人的不幸时，心中就会产生怜悯或同情。这种情感并非只专属于善良之人，也存在于每个人的心底，哪怕是十恶不赦的恶人，一样具有同情心。

在与人沟通时，要善于揣摩对方的心理，利用人类普遍具有同情心的天性，想方设法引导对方与自己产生同样的感受，就可以达到让对方产生同情心的目的。一旦博取了对方的同情心，事情就会顺利解决。因为，对方已不在心里对我们设防，这样一来，我们就可以动用智慧，以巧妙的方式将我们的想法灌输给对方，进而让他们接受我们的建议，以达到说服的目的。

一个山区的小女孩，被人拐骗到了广州。当天夜里，天空下着小雨，这个小女孩战战兢兢地待在一间破旧的房子里。突然，房门被推开了，一个中年男人走了进来。当时，小女孩非常害怕。不过，她很快就恢复了镇静的神态，并亲切地喊了一声“伯伯”。中年男人听到这一声“伯伯”，整个人就像是被施了魔法一般定在那里。

小女孩接着又小心翼翼地说："伯伯，我一看您就是个好人，您的年龄和我爸爸差不多，可他的命却要比您苦多了。他在乡下种田，去年栽秧时因为天气太热而中暑了……"小女孩说着说着就哽咽了，最后眼泪哗哗地流了下来。中年男人听完小女孩的讲述，沉默了一会儿，红着脸对小女孩低声说了句："谢谢你，小姑娘。"然后便离开了。

这个故事中的小女孩很聪明，在面对强大对手的时候，用苦难强化自己的弱小，以达到激发对方对其同情的目的。她用一句"伯伯"，立马将两个人的年龄拉开了距离，同时，也让对方想到自己那个同样处于花季的女儿。于是，同情的种子便开始在他的心里萌芽。接下来，小女孩又不失时机地用一句"好人"给对方戴了一顶高帽子，以此引导他将自己与"好人"并列。另外，她用"我爸"和那位中年男人对比，再次让对方的同情心理得到强化，从而逃脱了一场劫难。

同情心是人类客观存在的天性，因此，以弱克强博同情的技巧是很值得人们尝试的说服技巧。

乔治·H. 米德在《心灵、自我与社会》中写道："要同情某人，就必须有与另一个人的态度相应的一种反应。如果没有这样的反应，人就不能在他自身唤起同情。另外，如果那个同情者要在他自身唤起这种态度的话，还必须有合作，有被同情的应答。"由此可见，当我们想说服对方时，就有了一种与之合作的需求，我们可以利用人与生俱来的同情心，用充满感情色彩的语言去唤醒对方的感受，让他们与我们共同进入同一个情境，通过想象来感受我们同样的感受，进而对我们的需求做出积极的回应。

说服他人说简单也挺简单，说复杂倒也很复杂，关键看我们如何面对被说服者，如何从有利于达成我们目的的出发点来进行说服。生活中，很多人都懂得利用他人的同情心来达成自己的目的。或许有人会说，最看不惯别人装可怜的样子，事实上，在某些时候，装可怜会帮我们大忙，特别是在面对强大的对手时。

以退为进拼策略

我们在说教或者演讲的过程中，时常会听到有人提出不同的看法，甚至理直气壮地提出相反的观点。面对这种正面交战的观点冲突，如果用简单的言语进行粗暴干涉，势必会将矛盾激化，让对方下不来台，而自己也失去了风度。因此，在遇到类似的情况时，要先重视对方的问题，最好表现出对方这个问题很严重，不能草率做出应答，一定要找时间专门研究。运用这种战术的目的就是要让对方受宠若惊，甚至感到事态不妙，进而不再好意思坚持。

美国有家生产乳制品的大企业，某天来了一位怒气冲冲的顾客，很不客气地对负责人说："先生，我在你们生产的乳制品里面发现了一只活苍蝇，现在，要求你们给我精神赔偿。"

随后，这位顾客提出了一个数额极大的赔偿要求。

在美国，像乳制品这种生产线的卫生管理相当严格，为防止乳制品发生氧化反应而导致变质，每次都会将罐内的所有空气抽出，然后灌入无氧气体后再密封。在这种严苛条件下生产出来的乳制品，不可能有活苍蝇。由于事关公司商誉，这位企业负责人不好立即揭穿那位顾客的骗局，只是很礼貌地把他请到了会客室里。

当这位顾客来到会客室破口大骂，再次提出抗议并要求赔偿时，负责人很有风度地为他倒了一杯水，并慢条斯理地说："先生，看来这件事真是我们的错，放心，你会得到合理的赔偿的。由于这个问题事关重大，我们也绝不会忽视。这样吧，你稍等片刻，我马上命令关闭工厂所有的机器，以查清楚问题的根源。我们公司有规定，哪个环节出现失误，就由哪个环节的负责人来承担责任，待会我把那位失职的主管找来，给你赔礼道歉。”

说完后，负责人满脸严肃地对旁边的一位工程师命令道：“马上关闭所有的机器，虽然我们的生产流程不应该出现这种失误，但是这位顾客发现了，我们就有义务给他一个满意的答复。”

那位顾客原本只想用这种伎俩骗些钱，没想到自己的话会引起如此严重的后果，顿时害怕自己的花招被揭穿，那样的话，他会被要求赔偿整个工厂因停工造成的损失，即使倾家荡产，他也赔不起。

想到这里，他开始感到害怕，并嗫嚅道：“要是事情这么复杂的话，那就算了，其实我只是希望你们企业不要再发生类似的事情了。”

就这样，顾客给自己找了个台阶准备离开。

企业的负责人叫住了他，并诚恳地对他说：“感谢你的提醒，为了表示我们的感激，以后你购买我们的产品可以享受八折优惠。”

这位顾客没想到能得到如此意外收获，日后也成了这家企业的义务宣传员，让更多的人肯定这家企业的产品质量。

在这个案例中，高明的企业负责人不仅掌握了顾客的心理，用攻心的话术揭穿对方的骗局，还反过来“绑架”顾客的想法，让他为公司做起了义务宣传的工作。

吴胜利是一家保险公司的业务员。按照约定的时间，周末，吴胜利到李先生家拜访，希望他能为自己的家人投保。虽然之前已有过多次接触，但事情的进展并非吴胜利预想中的顺利，对方反而说“保险是骗人的”。吴胜利装作很无辜的样子，并笑着问道：“那你能给我讲讲保险是怎么骗人的吗？”

李先生说：“5000元现在或许还可以买台不错的液晶电视，但是20年后，恐怕连个二手的都买不到。你现在让我买保险，即便承诺到时候再返还我这么多钱，有什么用呢？”

吴胜利好奇地问：“为什么会这样想呢？”

李先生回答：“现在通货膨胀这么厉害，到时候货币不知会贬到什么程度呢。”

吴胜利接着问：“除了担心货币贬值之外，你还有什么顾虑？”

李先生说没有了。

吴胜利大体上对李先生的顾虑有了一个宏观的认识，接着说道：“我觉得你说的话很有道理，看来你平时对经济这方面还是蛮有研究的。如果物价持续急剧上涨，到时候别说二手电视了，估计连个遥控器都买不来。”说到这里，吴胜利感觉到李先生的情绪有所缓和，脸上的表情也比刚才丰富了一些，便接着说道：“国家经济目前正在向‘新常态’转型，国家也会采取诸多切实可行的政策防止货币过度贬值，因此，将来货币出现大幅度贬值的风险很低。另外，保险公司已经提前考虑到顾客的这种顾虑，所以你购买的保险是有利息的。当然，还有一个最重要的因素你忽略了，那就是买保险，你会得到一份保障，这才是最重要的。如果你买一台电视，它会给你这些吗？”

吴胜利看李先生听得有点专注，还频频地点头，感觉火候差不多了，又补充了一句：“在你面前讲这些道理有点班门弄斧了，其实我相信，即便我不说这些你也会明白的，还望你多多指教……”

听到这里，李先生的态度已经发生了完全的逆转，后来也非常爽快地答应了为家人买保险。

多数人都想当说服者的角色，但越是在这种时候，越要注意言辞的分寸和说话的技巧。在以退为进的策略中，退是表象，目的是让对方能从自己的退意中得到心理满足，进而放松思想戒备，此时再提出要求，对方也会更容易接受，而这也是自己的最终目的。

激将说服巧成事

所谓激将法，就是利用对方的自尊心和逆反心理积极的一面，用“刺激”的方式激起对方不服输的情感，将其潜能发挥出来，从而达到理想中的说服效果。

孙阳初中时数学成绩很好，还当过数学课代表，但进入高中后，数学成绩却直线下滑。班主任找她谈过多次话，但效果并不理想。终于有一天，孙阳最不想看到的一幕发生了：被叫到班主任的办公室，而且那里还站着自己的父母。

班主任先是用极其严厉的口气向家长汇报孙阳最近的表现，又当着她的面说：“我原来一直以为，你数学成绩上不去是因为没有上进心，现在看来，你根本就是没有一点儿这方面的天赋，你就是一个平庸的人！……”听到这样的话，孙阳异常愤怒，最后还泪流满面，感觉老师太无情了。回家路上，妈妈为孙阳边擦眼泪，边安慰说：“老师的话是重了些，但也是为你好，你其实是很有天赋的，只是没有表现出来。要我看，你干脆做出个样子来，让老师看看，也证明他是错的。”孙阳没有说什么，心里面已经盘算着怎么“报复”老师了。

在学期末的一次考试中，孙阳的数学成绩从原来的30多名一跃成为班级第2名。总结会上，班主任还特意表扬了孙阳。后来，妈妈告诉孙阳，班主任上次对她用的激将法其实是他们共同商量的结果，因为害怕对孙阳造成过度的伤害，父母就扮演不知情的角色，对她进行安慰。现在看来，孙阳的“报复”确实成功了，但赢的人还有班主任。

激将法的运用，要做到因人而异，不可盲目。一般而言，劝说争强好胜的人更适宜用激将法，而对那些谨小慎微、内心敏感的人来说，最好不要用，因为他们会把激将之言理解为嘲讽之语。如果这样，那就会违背激将的初衷。

三国时期，面对曹操大军压境，苦于缺少良将的刘备打算让老将黄忠出马。黄忠虽已答应，但诸葛亮却对其能力表示怀疑，故意当着黄忠的面对刘备说："老将军虽然英勇，然夏侯渊非张郃之比也。渊深通韬略，善晓兵机，曹操倚之为西凉藩蔽；今将军虽胜张郃，未卜能胜夏侯渊。吾欲酌量一人去荆州，替回关将军来，方可敌之。"

此话并非诸葛亮本意，而是为激发老将的决心。果不其然，此话一出，黄忠立刻斗志昂扬，奋然答道："昔廉颇年八十，尚食斗米，肉十斤，诸侯畏其勇，不敢侵犯赵界，何况黄忠未及七十乎？军士言我老，吾今并不用副将，只带本部兵三千人去，立斩夏侯渊首级，纳于麾下。"

事后，诸葛亮对刘备说："此老将不着言语激他，虽去不能成功。"事实证明，战场上的老将黄忠果然所向披靡。

由此可见，激将法如果用对人、用对事，用在恰当的时机，效果就会非常明显。话虽如此，但在运用激将法的时候，也要注意以下技巧：

（1）看对象。刺激的对象要心理成熟且有强烈的自尊心。

（2）看时机。如果出言过早，"反话"容易让人丧气；如果出言过晚，会被认为是"马后炮"，无法取得应有的效果。

（3）注意分寸。首先要保证出发点正确，要体现出尊重、信任和爱护。不疼不痒的话当然起不到"激将"的作用，但是如果语言过于尖酸、苛刻，又会让人反感。因此，运用激将法的时候要特别注意语气的分寸和感情色彩，把褒贬有机结合起来，自然会产生积极的效果。

明扬暗抑显高招

赞扬在日常生活中很常见，一般都是用在求人办事或者社交场合，但在劝说别人改正错误时，巧用赞扬，也可以达到非常好的说服效果。

公元219年，曹魏大将夏侯渊被刘备所杀，并失守汉中。曹操闻讯大怒，决定亲自率军讨伐刘备。不过，当时关中营帅许攸成为讨伐的一道关卡。许攸当时不认可曹操，被曹操视为不识时务，于是，曹操决定先去攻打许攸。

为集中力量对付刘备，众大臣不赞同攻打许攸，而是招抚。曹操不听劝，并扬言谁再劝就杀了谁。

一天，留守长史杜袭来拜见曹操，问道："丞相觉得许攸是什么样的人？"

曹操不屑地说："凡人罢了。"

杜袭缓缓说道："如今天下，只有贤者可以理解贤者，既然他是凡人，怎么能够理解丞相这样的贤者所想呢？主公，你应该对付豺狼，贤者却耗费兵力攻打狐狸……所谓'千钧之弩不为鼷鼠发机，万石之钟不以莛撞起音'，所以，小小的许攸值得丞相如此大张旗鼓吗？"

听完后，曹操甚是喜悦，立刻打消攻打许攸的想法，并派人前去招安。

除了赞扬之外，还有一种归谬的方式，也可以达到反驳对方错误，进而劝其更正的效果。如果对方的行为很离谱，碍于对方的权威不方便直面斥责，就先假设对方的观点是正确的，再提出一个能让对方感觉更为荒谬的结论，从而使对方放弃原有的观点，进而接受说服者的思想观点。

有位国王从域外使节那里得到一匹汗血宝马，平时格外恩宠，甚至不惜用布匹做成华丽的衣服给马穿，用珍贵的食物喂养，还给它盖了一座华丽的房子。最后，这匹马因为吃得太多撑死了。国王很伤心，准备按照安葬大臣的礼节为死马举办丧事。大臣们觉得用如此规格的仪式为一匹马举行葬礼很荒谬，纷纷谏言劝说，但都不起作用。

此时，只见一位大臣站出来，仰天大笑。国王看到后很诧异，问他为何笑。这位大臣说道："陛下，请问这是您最喜爱的马吗？"

国王说："当然是了！"

大臣接着说："既然如此，那么陛下仅以大臣的丧礼为它安葬，实在是太寒酸了。我们国家幅员辽阔，人口众多，什么样的排场没有见过，所以臣以为应该用君王的礼仪安葬它。"

国王问："那该怎么举办葬礼呢？"

大臣接着说："应该用雕玉做棺，文梓做椁，再让士兵修建坟地，百姓搬运石土。送葬时，召集周边各国时节，站在送葬队伍两边。另外还要为它修建一座庙堂，封给它有万户的城池。这样做完之后，陛下的马才是比臣民百姓更为尊贵的。"

国王听完后，顿时醒悟，感觉自己之前的要求太过分了，于是，便打消了用安葬大臣的礼节来葬马的念头。

国王葬马本身就非常荒谬，而且还不听众人劝谏，此时，任何正面的冲撞都可能给自己带来杀身之祸。那位大臣的聪明之处就在于他没有继续劝说国王不要葬马，而是顺水推舟，对其合理性大加赞扬。之后又说出更过分的举措，直到连国王本人也认识到整个事件的荒谬，才打消了用安葬大臣的礼节来葬马的念头。

有理有据劝到点

2015年，有一部名叫《老农民》的电视剧火热播出，其中有一个情节是这样的：

省长到麦香村参加麦香集团的成立庆典，参观完后，主角牛大胆上前邀请省长跟大家合个影。拍照前，省长和县乡干部们坐到前面摆放的椅子上，而村里的乡亲们都站在他们后面。当摄影师准备按快门的时候，牛大胆突然跑到前面喊了一声“停”，说有几句话想跟省长说。省长也站起来，牛大胆走上前说：“老弟啊，能不能让我坐在前排，你和其他领导站到后排呀？”话刚一出口，就引起了大伙的指责，也让县乡领导们感觉不满。省长也有点纳闷，就说道：“我今天来就是看望大家伙的，你们有什么话直接跟我说就是了。”牛大胆说：“老弟，我为什么让你站在后排呢？因为你是巡抚大人，是我们的靠山啊。有你们在我们身后，给我们撑腰打气，我们还有什么可怕的？我们什么也不怕，不光这辈子，下辈子、子子孙孙都不怕。”

省长听完后说道：“牛大哥说得非常好，我们领导干部，就应该站在人民的身后。”说完，他带头走到大伙的身后，拍照留念。

牛大胆的话貌似唐突，其实是一语双关的妙语。表面上看是让领导站在身后，但这并不是轻视领导，也不是不尊重，而是一种变相的赞美和对领导们的期盼。牛大胆说的话句句在理，省长只好顺着他的意思照做了。

20世纪30年代，美国经济陷入大萧条，其他公司纷纷开始裁员。福特汽车公司虽然也面临着很大的成本压力，但福特却执意要提升员工的薪酬。董事会的成员一听立马就不干了，对福特开始狂轰滥炸式的指责。最后，福特平静地说："我有一个从根本上解决让你们头痛的成本问题，难道你们不想听一听吗？"刚才还剑拔弩张的氛围立马缓和了下来。福特说："如果我们支付给员工社会上的平均工资，也就意味着他们随时都有可能离开我们的公司，因为他们可以很容易找到和在这里待遇相似的工作。但对于我们来讲，就损失了一个技术熟练的工人。如果我们提高工资，即便他们辞职不干了，也很难在短期内找到同等待遇的工作。为了保住自己的工作，他们就会变得比以前更勤奋，这样一来，效率提升了，成本也就自然降下来了。综合考虑来看，这才是降低成本的治本之策。"

董事会成员听完后，都恍然大悟，对福特的格局、眼光也更加佩服。

为什么大家一开始拒绝福特的建议？因为他们只看到了眼前利益，没有从大局上看待这个问题。可福特先用一句"从根本上解决成本问题"的话来吸引大家，接着再摆明道理，告诉大家为何要这样做。把话说到点子上，道理讲明白了，自然也就容易达到说服的目的。

著名导演郭霁红初到中央电视台时，因为资历不足，只能做一些小晚会、小栏目，但她也一直在寻找机会，争取独立策划一次大一点儿的项目，证明一下自己的实力。后来，台里打算办一个庆祝晚会，领导的意思是想从新人里面寻找一位来做导演。因为争取的人很多，而郭霁红又不是最出众的，她便直接找到领导，说："我知道咱们这次晚会的预算只有80万元，如果您把它交给我，我会让它产生500万的效果！"领导说："吹牛可是谁都会的哦！"郭霁红接着说："您了解我，以前我做的项目虽然小，资金也少，但是每次我都可以把它做成一个中等项目的水平。所以，我在省钱方面是很有一套的。"接着，她把在哪个环节省钱，怎样在艺术上做文章，如何提升晚会的档次等都给领导详细地说了一遍。领导听完后觉得比较满意，当即决定让她担任晚会的导演。

领导反复考虑，自然是希望找到最合适的人选。郭霁红敢于直接找领导，也体现了她的勇气。当然，她并没有一上来就讲自己会如何去做这个项目，而是用“省钱”这个点吸引住领导，紧接着拿自己以前的成功案例让领导相信自己既可以省钱，又能提升晚会的水平。最后，她把自己的方案讲给领导听，也就是水到渠成的事情。劝说固然要讲究策略，但关键是你的话不能是凭空捏造的空话，而应是有理有据的实话。

讲清事实远胜于雄辩

提到说服，人们脑海中形成的第一概念往往是该用什么策略。不可否认，想把劝服的话说到点上，不讲点儿策略，一般很难达成。不过，即便是那些能言善辩的人，也往往会陷入“聪明反被聪明误”的圈套。其实，要想劝服别人，有一种最简单的方法，即讲清事实。

林肯在成为总统前当过一段时间的律师。有一次，他获悉朋友的儿子被控告为谋财害命，而且已经初步被判定为有罪。他以被告辩护律师的身份，到法院查阅案卷。翻阅了所有的案卷之后，他明确了全案的关键在于原告方的一位证人，因为这位证人发誓说在10月18日的月光下，清楚地看到了被告用枪击毙了死者。对此，林肯提出复审的要求。

复审中，有这样一段精彩对话。

林肯：“请问证人，你发誓说清楚地看到了被告用枪击毙死者？”

证人：“是的。”

林肯：“你站在草堆后，被告在大树下，这两个地方相距20多米，你能看清吗？”

证人：“能看清楚，因为那天晚上的月光很亮。”

林肯：“你确定不是从衣着方面来判断是被告的吗？”

证人：“不是的，我确实看清了他的脸，因为月光照到了他的脸上。”

林肯："你能确定时间是在晚上11点吗？"

证人："完全确定，因为当我回到家里后，看了一下时间，正好是11点15分。"

林肯问到这里就停止了，转过身后，发表了一席精彩的言论："我必须告诉大家，这个证人是一个骗子。他坚称10月18日晚上11点在月光下看清了被告的脸。事实上，10月18日那天是上弦月，晚上11点月亮已经下山了，哪里还有月光？退一步说，也许是他时间记得不准确，时间可能稍有提前。但即便这样，那时的月光也是从西往东照，草堆在东边，大树在西边，如果被告的脸对着草堆，那么他的脸上是不可能有月光的！"

林肯话音刚落，全场响起了热烈的掌声，连法官也不禁赞叹。表面上看，林肯运用了丰富的自然知识和严密的逻辑推理，其实，他只是说出了事实而已。讲清事实，除了要运用上面这个例子中的知识、逻辑之外，还有一种非常实用的方法，即利用数据。现在，数据的概念随着计算机的发展也变得越加流行，但它的应用早就成为一种说服的策略。

元朝至正年间，因为海宁一带没有通航，水路不畅，所以运送粮草只能通过陆路进行。考虑到海宁一带饱受战乱困扰，无法再征用平民，所以董博霄将军就向朝廷建议，让士兵自己搬运粮草。不过，这个建议一经提出就遭到几乎全体大臣的反对。大臣们认为，国家已经处于战乱之中，士兵为应付战争已经付出许多，如果再为搬运粮草耗费体力，势必削弱他们的战斗力。听完大臣们的议论，董博霄说道："如果用士兵运粮草，就可以按照一日行百里的方式进行。这个方法就是说，每10步安排1个士兵，1里只需安排36个士兵，10里安排360个，100里安排3600个士兵。每个士兵每次只背4斗米，装好布袋并做上记号。这样，他们走10步就可以传给下一个士兵，士兵来回走，而粮草却不停止运输。假如1个士兵每天走500个来回，总的行程也不过28公里，其中一半还是在没有负重的情况下进行的。也就是说，每个士兵每天负重行走也不过14公里，但是每天能运送200石的米。假如1个士兵每天需要1升米，那么3600个士兵就可以为100里以外的20000名士兵送去一天的粮食。再说，每个士兵每天不过28公里的路程，负重10步后还可以歇一歇，大家就像是在玩传递游戏一样，怎么叫劳师动众呢？”

就这样，董博霄成功用数据说服了众大臣，并且在实际操作中确实收到了很好的效果。数据所展现出来的精巧运算、周密统筹确实比普通言语更有说服力。另外，在运用数据说服的时候，也可以将那些平常无法感知的事情讲得生动形象，从而增强对方对所说内容的印象。

面对分歧需要耐心

潘阳是一家广告公司的经理，前段时间为了完成一个方案，和自己的团队加班加点，终于在有老板参加的高层讨论会开始前将其完成。让她没想到的是，老板因为成本的问题把方案否决掉了。潘阳和团队其他成员听了之后都很伤心，考虑到距离客户要求的最后期限已近，纷纷站出来建议老板不要更换方案。老板最后急了，板着脸说："我是老板，在这里我说了算，不行就是不行。"老板一句话把大家都给堵回去了，谁也不敢再发表意见。

作为领导，有时候需要利用自身强硬的姿态来树立威信。"我是老板，我说了算"固然很有威力，但威力并不代表你就在员工心目中建立了威信。因为当你这样讲话的时候，表面上看是堵住了员工的嘴，其实在更深层面上讲，你已经堵住了员工的心。那么，在面对分歧的时候，领导应该怎样疏解，才能达到既树立了威信，又赢得大众的心呢？

1．据理相劝，赢得理解

洪一帆两年前在自己住的小区附近办了一家英语培训机构，因为经营有方，发展得颇为顺利。有一天，她和自己的员工吃饭闲聊的时候，得到了这样一条建议：学校附近居民多，幼儿园少，何不再办一所幼儿园，把事业做大，说不定以后可以成立一个教育集团，向上市迈进。洪一帆听了后说没有这方面的打算。没过两天，学校就有人在暗地里说，洪校长胸无大志，跟着她干，不会有什么前途。为了纠正大家的错误认识，洪一帆召集部分员工代表开了一个会议，并在会上说出了自己心里的想法："我何尝不想和你们一起把咱们的事业做大，但培训机构才刚刚起步，虽然近两年发展得不错，但前方还有很长的路要走。再说，能做好培训班，不见得就能做好幼儿园，盲目跟风势必会分散我们的注意力，到时候可别'赔了夫人又折兵'。你们提的建议固然好，但我如果答应了就要上升为决策，万一哪一步走错了，很有可能就会满盘皆输，这个风险谁来承担？所以，也希望大家理解我的谨慎。"

洪校长的一番话讲下来，确实解开了很多员工心头的结，后来就自然没人在背后就这件事说三道四了。

对领导而言，员工如果仅仅因为你的身份而支持你，那就是可悲的。洪一帆并没有拿校长的身份来压员工，而是讲明利弊，以理相劝，结果自然容易赢得员工的理解与支持。

2. 说明苦衷，换位思考

有个员工因为不满意公司的考勤制度，就向经理书面提交了几点自己的想法，结果经理一个都没有采纳。这位员工的自尊心好像受到了打击，工作积极性也明显下降，经理便单独把他叫到办公室，语重心长地对他说："公司需要有想法的员工，你能就公司的问题提出自己的建议，这种做法本身并没有错。但是你想过没有，公司像你这样的员工少说上百，如果每个人都提出几条建议，我就是拿出其中的一部分细看，时间也不够用啊。再说，你们提上来的建议很多都是互相冲突的，如果你是领导，你该怎么解决？如果你的建议真的很好，也可行，公司不会不照做，但是你也要体谅公司的难处，对吗？"

这位员工听完后茅塞顿开，急忙向经理道歉："对不起，经理，是我考虑的不周全，没有站在公司的立场想问题。"

这位经理首先肯定员工提建议的做法，并说出了不可能采纳每位员工建议的原因，最后让对方站在公司的立场思考自己的行为，问题就迎刃而解了。

3. 言及责任，产生共鸣

王佳琪是一家房产销售公司的老板，因为一个重要顾客被竞争对手抢走，便要求所有员工加强保密工作，还把所有核心工作的所有重要信息都列入保密范围，不让对公司以外的任何人谈及。有些员工感觉老板这样有点小题大做，在配合方面表现得很消极。王佳琪便对大家说："我知道有些员工认为我的要求有点过激，其实，我也感觉是。但现在是市场经济时代，竞争的残酷性有时候远远超出我们的预料。万一出现什么闪失，到时候损失的是我们每一个人的利益。你们跟着我干，我就要对你们负责，不能因为公司管理上的漏洞，让本该属于我们的报酬流进别人的钱包。你们对公司负责，公司也要对你们负责，在这一点上，我们的心应该是抱成一团的。"

大家明白了王佳琪的意思，也都开始支持她的工作了。

其实，作为领导，最能打动员工的事情莫过于责任心，因为这里面饱含着上司对员工的感情。让员工看到你的责任心，他们自然就会明白你的感情，大家在一起才会产生共鸣，沟通效果自然会上一个台阶。

面对分歧，领导如果经常以强权压制，时间久了无异于饮鸩止渴。作为领导，如果耐心地把自己位置的所思、所虑坦诚相告，或讲道理，或说利害，员工都会心服口服，全力配合。

Chapter 7

第七章
批评的话委婉说，忠言也可以不逆耳

批评与被批评在生活中很常见。批评他人往往因为对方的言行在某些方面不得体，但批评本身也有可能是一种不得体的行为。批评得不得体可以在诸多方面有所体现，但最主要的就是批评的话说不到点子上，结果被批评的人非但不服，还会通过一些过激的行为向批评者发起挑战。

要把批评的话说到点子上，就要多用点心，整理一下自己的思绪，不能想说什么就说什么，也不能不分场合地乱说。批评的目的很简单，就是让对方心服口服，并且自愿进行行为矫正。紧盯这一目标，分门别类地把批评的话对准不同的人，就能收获你想要的效果。

善意的批评

俗话说："人非圣贤，孰能无过？"与人相处共事，不可能永远一帆风顺，总会有人出错并需要你指正的时候。但这个"过"怎么指正，也是一门大有学问的艺术。批评他人一定要讲究策略，任何因一时冲动而口无遮拦的行为都是愚蠢的。我们要真诚地赞美，更要善意地批评。

史密斯先生19岁的侄女约瑟夫高中毕业后离开她在加州的家，到纽约做史密斯先生的助手。约瑟夫刚去时，因为对商业常识以及生意上的事不了解，犯了很多错误。一次，史密斯先生真想狠狠地批评她几句，但转念一想，她还太年轻，阅历尚浅，不应该过于苛求她，便改用一种比较温和的方式对她说："你现在做错事是在所难免的。我在你这个年龄的时候，做的错事比你还多，但随着年龄的增加，我的才干也在一天天的增长，相信你也可以做到的，对吗？"

先承认自己的不足，再指出对方的错误，会令人比较容易接受你的批评。

一个人要是做错了事，只有当他主动告诉你时，才会坦白承认错误；如果你主动提出对方的错误，那么他一定会找出各种理由进行辩解。所以批评他人一定要讲究方法，而且态度要诚恳，重要的是一定要抱着善意的目的。比如，有些人做了错事，心里面对自己的行为原本已经感觉很惭愧了，时刻都会受到良心的谴责，此时若不能体谅他，反而苛刻地攻击他的错误，试想，他会产生怎样的心态？

虽然批评者出于好意，但对方却不接受，非但不改，反而变本加厉。所以，这种批评方式多半会失败。

比如，某公司的一位职员上班经常迟到，上司若是当面对他这样说："你到底是怎么回事，这公司也不是你家开的，怎么可以想怎么样就怎么样，你这种无视公司规章制度的行为，应该好好反省反省吧。"

如果换个说法，比如这样讲："我相信你内心里面肯定也认为迟到是不应该的，如果你能坚持这种正确的看法，相信在不久的将来，你定会发现准时上班的乐趣。"这样的说法，或许更能让对方接受。

如果用言语刺伤了他人，即便说的再多，他也会无动于衷；相反，若能够先肯定对方，再说出自己的意见，这将比任何威胁的话都管用。

工作时，难免会接触到不认识的人，此时最困难的就是不了解对方的为人，他的工作态度怎样，这对工作的顺利开展很不利。此时，若能以和缓的语气说出不会让对方认为是严厉的指责，就很容易让对方接受。比如可以说："你的心地太善良了，所以经常吃亏。"虽然意在指正他的缺点——不懂沟通，以致被别人拖累进度，但对方听起来就像是在夸他的优点。也可以这样说："你做事太过于慎重了。"其实是想劝他别太较真，不可能事事都完美。这些话即便对那些交情不深的人说，对方也可能会这样想：这个人与我刚认识，但对我的观察真是细致入微。这样自然就拉近了你们的距离，而这也是彼此产生信赖感的第一步。一般人或许经常赞美他，但不过是极尽奉承而已，这里说的虽是指责，但却能乐于让人接受，对增进彼此的关系有莫大的帮助。

用暗示的方式去批评

面对批评，不同的人会有不同的反应，大体上可以分为敏感型和迟钝型两种。针对迟钝的人，批评可以适当直观一些、严厉一些，但是大多数人还是敏感型的，也就是说他们的脸皮较薄，所以批评应该点到为止，不宜太露骨，稍稍暗示一下即可。这种方式不仅考验批评者的说话技巧，还很能显示出批评者的语言魅力。

一次宴会上，有位身体偏胖的太太坐在身材瘦小的萧伯纳旁边，面带娇媚的笑容问萧伯纳："亲爱的大作家，你知道有什么办法可以阻止长胖吗？"萧伯纳郑重其事地对她说："办法倒是有一个，但我怎么想也无法把这个词解释给你，因为'干活'这个词对你而言就是外语呀！"

萧伯纳采用委婉含蓄、柔中带刚的批评方式，显然要比直接对那位太太说她太懒惰效果更好。运用这种方法时，一般采用间接的话语，好让批评者有一个思考的余地。

更高明的批评手段是压根不让对方感觉到你是在批评，但又能让对方感受到被"敲击"的意思，进而启发他做自我批评。

某小区一户老人家向居委会反映，晚上住在楼上的年轻人不太注意保持安静，导致楼下的老人都睡不好。居委会的工作人员便叫来了楼上的年轻人，闲聊了一会儿后，给他们讲了一个笑话：

有个老头患有神经衰弱的毛病，稍有动静，就难以入睡，恰好楼上住了一个经常上晚班的小伙子。这个小伙子每天下班回到家里，都习惯性地把双脚一甩，鞋子重重地落在了地板上，把好不容易才入睡的老头惊醒。

老头向小伙子提了意见。当晚小伙子回家后，刚踢出去一只鞋，突然想起了老头的话，便轻轻地脱下第二只鞋放好。第二天一早，老头就对小伙子埋怨说："你一次甩下两只鞋，我还可以重新再入睡，昨晚你留下一只不甩，害得我等你甩第二只鞋等了一夜。"

笑话讲完后，两个年轻人先是哈哈一笑，但很快就悟出了笑话所指，后来就把之前的毛病都改掉了。

批评的话虽然不是随口说出来的，但我们必须思考用什么样的方式把它说出来而不会让对方感觉难堪。对于那些有自知之明的人，采用暗示的方式是最好不过的了，因为这样做不仅可以达到批评劝说的目的，还可以避免把话挑明而产生无谓的伤害。

美国作家马克·吐温以幽默著称，他就很擅长运用直言曲达的暗示方法批评他人。

一次，他乘坐火车前往一所大学做演讲，结果火车开得实在是太慢了，眼看着时间就要不够了，他心里很着急。这时，来了几位列车员准备查票，马克·吐温找来一张儿童票，等到列车员查到他时，就把儿童票递给了对方。列车员也是一个很幽默的人，看了票后调侃着对马克·吐温说："没看出来，原来你还是个孩子。"马克·吐温耸耸肩，无奈地说道："我买票时是个孩子，不过，现在都已经长大了。"

一句幽默风趣的话，既表达了马克·吐温对火车开得太慢的不满，又不至于让对方觉得难堪。

将批评的话换种方式表达，或者绕个弯子幽默地表达出来，无论是对批评的人，还是对被批评的人来说，心理上都不会承担太大的负担。大家相视一笑，彼此心领神会，既达到了批评的效果，又不伤害双方感情，可谓一举多得。

批评要有尺度、分场合

跨国公司松下电器的创始人、被称为“经营之神”的松下幸之助除了在企业经营方面有着独到的哲学思想，在用人，甚至骂人方面，也有着过人的智慧。

后滕清一是三洋电机的前副董事长，曾经任职于松下公司。有一天，因为犯了一个错误，后滕清一被叫到松下幸之助的办公室接受训话。松下幸之助刚一说话，就火冒三丈，非常严厉地斥责了他。由于过于激动，松下幸之助甚至拿手上的打孔机去敲打桌子，以致打孔机都被敲歪了。

稍微平复了一下心情之后，松下幸之助对后滕清一说：“非常抱歉，刚才是我太生气了，所以把打孔机都敲歪了，你能否帮我把它扳正呢？”

被领导痛骂一顿的后滕清一原本只想赶快离开董事长的办公室，无奈之下只好接受要求，拿着打孔机在一旁敲敲打打地开始修理，没多久就将它扳直了，心情也随之平复了许多。

松下幸之助对后滕清一称赞道：“你做得非常好，简直和原先的一模一样！”

后滕清一离开办公室后，松下幸之助就悄悄地打通了他家里的电话，对后滕清一的老婆说：“今天你丈夫回家后的心情可能不太好，劳烦你多安慰他一下。”

当后滕清一揣着满肚子的委屈回到家中，原本打算告诉老婆想辞职不干了时，没想到松下幸之助却早已交代好安抚措施，让后滕清一佩服不已，并激起了对这位领导更大的忠心。

松下幸之助的聪明之处就在于，他在批评责备下属时，拿捏好了分寸，让下属体会到他爱之深、责之切的心情，进而更心甘情愿地为他效劳。

如果非要责骂他人，就一定要替对方保留颜面，并对事不对人，事后也要学会道歉，安抚对方，让其有一种被信任的感觉，只有这样，才能打造出更好的互动关系。批评的尺度除了在程度上不能太过分之外，还要考虑环境和场合。不注意场合，随意批评他人非但达不到批评的效果，甚至还会让被批评者产生严重的抗拒、逆反心理。以松下幸之助为例，他也只会在办公室里对自己的下属发那么大的脾气，相信在公开场合，肯定不会那样做。

有些领导之所以喜欢在大庭广众下斥责下属，往往并非出于无法抑制的气氛，而是想通过这种方式向上级、客户或其他下属表明这都不是他的错，而是因为这个下属办事不力造成的。事实上，这种想法、做法都是非常幼稚的。既然身为领导，就得对职责内的所有事务负责。如果一味强调自己不知情，只会暴露自己管理不力，而这又成了自己另一方面的失职。更重要的是，这种推卸责任的行为会让其他下属心寒，他们会认为你是一个自私、狭隘、没担当的上司。

更要命的是，如果被你批评的下属是一个脾气暴躁的急性子，当面反驳你，或者把你的丑闻抖出来，然后扬长而去，那么，面对众多旁观者，谁的处境更尴尬，谁最丢面子？所以有问题就指出来，要批评就在办公室里，在没有第三者的情况下进行教育，这才是领导应有的智慧。

批评既要对人，也要对事

人们习惯性地听到并认为既然是批评，就要对事不对人。不可否认，客观合理的批评就应该对事不对人，但是在涉及具体的口气、方式时，也要学会因人而异。

某纺织厂的赵文和吴斌，在同一个车间工作，赵文比吴斌早两年进厂。在生产操作的过程中，他们都出现了失误，而且所犯错误都差不多。车间主任针对这样的情况，对两个人采取了不同的批评教育方式。因为赵文是老员工，所以主任就狠狠地批评了他一顿，但对于吴斌的失误，只是指出了他操作不当，还安慰他不要性急。赵文很不服气，找车间主任理论。主任对他解释说："这样的失误出现在你身上是很不应该的，毕竟你是一个老员工，所以出问题就是态度的问题。另外，你的技术很熟练，就应该对自己有更严格的要求。"赵文听完后不语了，觉得主任说的有道理，便默默地接受了批评。

可见，当同样的错误发生在不同人的身上，批评时要因人而异，否则就会产生不良的后果。大致说来，有以下几点需要特别注意。

1. 批评不同年龄的人

在批评某人之前，要对其实际年龄有一个大体的了解。对于年龄比自己小的人，要善于用一些开导性的语言加深其认识；对于年龄相近的人，因为公共点比较多，所以最好多一些自由的交谈、沟通；对于年龄比自己大一些的人，最好采用商量的口气。同时，批评时要注意称谓，对年长的人要多用一些谦语。总之，不同年龄段的人的特点也不相同，在选择批评方式的时候，最好区别对待。

2. 批评不同职业的人

针对同一个行业不同职业的人，批评也应该有所不同。对工作能手和初学者的要求不一样，所以批评也不能相同。同样，同一种方法也不能用在担任领导职务和一般的工作人员身上。

3. 批评不同知识结构和阅历的人

知识结构、阅历不同的人，他们在接受批评时的心理状况会有很大的差异。如何使用语言艺术，让他们乐于接受批评，又有如遇知己之感，深深地考验着批评者的智慧。对于这种人，要善于讲道理，而且有时只需蜻蜓点水，对方便能心领神会。

批评固然要针对不同的人采取不同的方式，但需要特别注意的是，批评的核心是事，而不是人。所以，在苛责他人时，应该做到不以对方的人格、尊严为对象，而只就他的行为本身进行批评。

每个人所关心的都是对方的行为，如果对方能够接受批评，紧接着就可以赞美他，这样就不会伤害他的自尊心。例如：

“小王，据我所知，你以前好像从来没有犯过这种错误啊……”

“小王，坦率地讲，我是因为知道像你这样的人应该做得更好一些的。这次的事，实在不像是你所为。”

如果像上面这样去讲，就既能指出对方的错误，又能够激励他努力向上。然而在现实生活中，有些领导、老师和家长，没有把握好这种分寸，往往用挖苦或讽刺代替摆事实、讲道理的批评，这实际上就是把批评降低为一种泄愤的手段了。

巧妙道歉，让批评的目的于无形中达成

中国有句老话说得好，叫“子不教，父之过”。现在很多心理学、社会学的研究结果也表明，父母在子女教育方面的影响力是持久、深远且无法替代的。从这个角度来讲，如果子女犯错，父母责无旁贷。同理，公司里的职员，他们犯的错误里面多多少少都有领导在平日教育方面的疏忽。话又说回来，龙生九子各不相同，所以，即便教的手段相似，育的结果也未必一致。不过，当下属犯错误时，领导可以借着这层关系，先对自己的“失职”道歉，再对下属的行为提出合理化的要求，效果会立竿见影。

王涛是某陆军部队的老兵，仗着有几分资历，经常指挥新兵为自己干些洗衣服之类的私活。指导员听说后，心里面很生气，但也不方便当着大家的面直接批评他。一天，指导员把王涛单独留在会议室，语重心长地对他说：“可能是平日里训练量太重了，你连打理自己私人事务的时间都挤不出来了，这都怪我，平时总盯着训练，对你的关心有点疏忽了。针对这件事，我在这里也向你做个检讨，道个歉。以后生活上有什么困难，记得及时跟我讲，好吗？”

听到这里，王涛红着脸，惭愧地低下了头。

指导员接着说：“不过话又说回来，就算自己再累，咱们也不能让新兵给咱们洗衣服吧。你训练，他们也训练；你累，他们也累。况且，他们刚来，很多地方还不适应，你这样对他们，他们的身体上和精神上都会受折磨的。这

样，一会儿回去给他们道个歉，好吗？”

王涛连忙点头，回去后也很诚恳地向新兵道了歉，后来再也没有发生过这类事情。

批评他人，最担心的就是对方还没等你正式开始就产生了逆反心理。而道歉式批评，可以先用低姿态拉近与对方的心理距离。等到对方认可了你，自然也就更容易接受你的批评。

马英刚上大学，因为平时喜欢看书，知识面相对较广，就代表所在的一个社团参加学校组织的一次知识竞赛。不幸的是，马英在笔试部分，因作弊被当场发现，并连累社团被点名批评。后来，社长找到马英，诚恳地说道：“这件事我也有很大的责任，因为从决定让你参加知识竞赛的那一刻起，我就一直给你灌输要拿第一的思想，肯定也给你带来了很大的压力，要不然你也不会选择这种错误的做法。在这里，我先向你道个歉。但是，这件事情终究是我们做错了，所以在面对学校的批评时，咱们一定要摆正心态，以后坚决不在同一个地方摔倒两次。”

听完社长的一席话，马英也很诚恳地向社长保证，类似的错误以后坚决不犯。

马英犯错，社长主动道歉，既表现了他勇于承担责任的态度，也赢得了马英的敬佩。

面对别人的错误，直接批评、处罚，很容易挫伤对方的积极性。如果站在自己的立场对自己的“失误”予以道歉，其实就相当于在心理和情感上给对方一个缓冲。道歉式批评可以让对方感觉到，你在情感上是爱他的，那么你接下来的批评也会被对方理解为是为他好。这样一来，对方的积极性、自尊心都不会受伤，而你批评的目的也达到了。

遇事先反思自己，再推己及人，其实也可以理解为一种严于律己的思维方式。当然，这又何尝不是一种勇于自我批评的高尚态度呢？

善用赞美式批评，让对方真正学会自省

传统观点认为，批评就是要对问题和过失进行指责或批判性的揭露，并教授方法，然后督促其改正。赞美则是发自内心地对自身所支持的事物表示肯定，所以一般情况下，很难有人会把这两个意思相反的词语组成一个词汇来描述一个事物。

赞美式批评之所以会给人耳目一新的感觉，并非简单地因为它把“矛”和“盾”糅合成了一种“兵器”，更重要的是这把“兵器”在实战中展现出了极强的威力。

陶行知先生是我国著名的教育家、思想家，据说在他任小学校长时，曾在校园里看到一个男孩用泥块砸班里的另外一个男孩，便上前制止，还命令他放学后去校长室。

放学后，当陶行知回到自己的办公室时，发现下午扔泥块的那个男孩已经在门口等候了。让男孩颇感意外的是，陶行知非但没有批评他，还从口袋里拿出一块糖送给他，说：“这块糖是对于你准时到我办公室的奖励。”那个男孩惊诧地接过糖。

随后，陶行知把那个男孩请进了办公室，又从口袋里拿出一块糖递给他，并说道：“这块糖也是奖励给你的，因为我让你停止再用泥块砸人时，你立马就住手了，这说明你很尊重我，应该奖励。”男孩把眼睛睁得大大的，表情显

得似乎更加疑惑。紧接着，陶行知又拿出第三块糖递给他，说："对于你下午用泥块砸同学的事情，我已经调查过了，原因主要是对方没有遵守游戏规则，还欺负女同学；你用泥块砸他，说明你很正直，有跟坏人做斗争的勇气，所以应该奖励。"

男孩攥着陶校长给的三块糖，眼泪止不住地往下掉，哭着说："陶校长，我知道错了，我砸的不是坏人，而是自己的同学，您还是惩罚我吧。"

听完男孩的话，陶行知满意地笑了，随手从口袋里又拿出了一块糖，说道："鉴于你能够正确认识到自己的错误，我就再奖励你一块糖。可惜这也是我的最后一块糖了，所以，把它送给你，我们的谈话也该结束了吧！"

陶行知这种反常规的批评方式，不禁让人感叹。

批评他人，并不是简单地把错误往那一摆，然后把犯错的人数落一通就行了。这样的批评只能发泄私愤，并不能让犯错的人有任何获益。要想让批评见效，我们应该清楚，对任何人来说，被批评都是一件难为情的事情，如果当着众人的面把话说重了，谁都下不来台。因此，批评他人，不能想怎么数落就怎么数落，而应该设身处地为对方想一想，用事实说话，用道理启发。

心理学家的研究结果显示，如果当事人对自己的错误已经知晓，那么还对他的错误进行重复式批评，非但没有任何教育意义，反而会让他产生逆反心理，对错误漠然，进而我行我素；要么当事人会感觉自卑，对未来失去信心等。其实，人人都有犯错的时候，况且犯错者未必有心，而且错误也只是一时的。因此，绝不能因一时之错而对人长期进行打压，尤其在犯错误者对自己的错误已经认知的情况下，鼓励与肯定才是最佳的处理办法。

赞美式批评更有利于犯错者自省、自励。用肯定的态度来激发犯错者坦然面对未来的勇气，可以帮助他们顺利走出因错误造成的心理创伤，甩开错误造成的不良心理包袱。

建议式批评，更易赢得对方的合作

有一天，六岁的小刚从妈妈的洗衣框里拿出一条脏毛毯，裹在身上玩儿，而他身上穿的是妈妈刚给他买的新衣服。看到这一幕，小刚爸自然很生气，上前一把就把脏毛毯夺了下来，还批评小刚不应该乱动洗衣筐里的衣物。小刚受到爸爸的批评，心里很委屈，撅着小嘴眼泪汪汪地站在那里生气。让小刚爸颇为无奈的是，小刚非但没有吸取教训，还屡屡从洗衣框里拿脏衣服、脏毛毯玩儿，让大人们都很郁闷。

后来，小刚妈妈的一位做心理辅导的朋友来家里做客，了解到这一情况后，就给他们提了一个建议，再遇到类似的情况，不妨采用建议式的批评，看看会不会有效果。结果，小刚爸试了两次，小刚从洗衣筐里面拿衣服的频率明显比以前减少了。

其实，像小刚这个年龄段的孩子，对诸如过马路不能闯红灯、在公共场所不能喧哗、危险的东西不能碰这样的事情，尚处于探索阶段。对大人而言属于常识性的东西，或许在小孩眼里并没有对错之分。

小孩做了不该做的事情，家长用“建议式批评”比“权威式批评”效果更好。比如，六岁的小刚只是想找一块毛毯裹在身上玩儿，但他并没有意识到这条毛毯是妈妈放在那里准备洗的，也不清楚脏东西不能往身上裹。此时，家长要先告诉孩子这样做是不对的。比如小刚爸可以这样说：“小刚，这个毛毯已经脏了，有难闻的气味，而且还有细菌，我想你肯定更喜欢干净的、香香的毛毯，对吧？”之后，家长要让孩子知道为什么不能这样做，以及假如这样做可能会导致什么样的后果。小刚爸可以这样说：“放在洗衣框里的都是妈妈收集起来打算洗的脏衣服，不能乱动。你拿脏毛毯裹在身上，会把身上的新衣服也弄脏，这样，妈妈就要洗更多的衣服，所以会很辛苦。”最后，当孩子听懂并认同了家长的话后，再告诉他们应该怎样做。比如可以这样说：“把这条毛毯放回洗衣筐，再去跟妈妈要一条干净的来玩，怎么样？”

这个故事和小孩子在下雨天喜欢往外跑是一个道理。有的孩子越是在下雨天就越吵着要出去玩，家长怎么也拦不住。有的家长什么也不解释，就是生硬地拦着，结果孩子号啕大哭，说大人不讲道理。有的家长经常用转移注意力的方法吸引孩子玩别的，结果时间久了也不管用了。家长不妨告诉孩子，下雨天出去玩儿就会感冒，一感冒就要看医生、打针。讲明利害后，再建议孩子玩别的游戏，效果自然会不同。

在教育孩子的过程中，多提建议，少用批评，这样更有利于他们主动认识问题，解决问题，而不是因为家长的权威，才不得不去做某件事。对孩子的教育，应该朝着有助于他们独立思考，提升逻辑思维，以及辨别是非黑白的方向发展，而不是屈从于权威。

建议式批评用在孩子身上，是考虑到他们的理解力；而用在大人身上，则更多的是顾虑到他们的自尊心。

伊达·塔贝尔是美国的资深传记作家，她在写《欧文·扬传》时，曾和一位与欧文·扬共事三年的同事谈话。这位同事说，他从来没有听到过欧文·扬指使别人——他只会建议，而非命令。欧文·扬从不会说“做这个，做那个”或者“不要做这个，不要做那个”而是说“你认为那个有用吗？”或者“你可以考虑这样去做……”他在口授一封信后，经常会问：“你觉得这样怎么样？”看过助手写的信之后，他会说：“或许这样表述会更好一些。”他从来不对助手下直接的命令，而是让他们自己选择，即便错了，也可以在其中学习。

建议式的批评不仅容易让一个人改正自己的错误，还可以不伤害对方的自尊心。这种批评方式更容易赢得对方的合作，而非反感或者不满。

建议式批评的核心在于通过提建议的方式来促使对方改变意志或行为。提建议时要用疑问的语气，能让对方感觉到你所表达的意思是善意的，最好针对具体的事情。最好用这样的句式："你愿意试一试……""如果可以考虑试一试……可能会让你……""要是……就更好了，你觉得呢？"

建议式批评只针对能改的方面，而对于一些无能为力的事情最好不要去谈论，如"要是你再瘦一点就更好了"。当你看到好朋友穿得很漂亮却没有化妆，可以说："你今天的衣服颜色很漂亮，如果再画点淡妆看上去会更阳光。"这肯定会比直截了当地说"今天怎么没有化妆？"更容易让对方接受。总之，在用建议式批评的时候，尽量说得具体一些，或者加上背景和描述性表扬，而对于不能改变的现实方面或人格层面，最好不要用。

绵里藏针式批评：明人巧说暗话

若按常理，明人不说暗话方为君子所为，但有的时候，过于直白的批评反而容易伤人，从情理角度而言，亦非君子所为。此时，如果站在对方的角度说些双方都可以听懂的暗语，效果或许会更好。

“东北作家群”的著名代表萧军在成名前曾得到过鲁迅的帮助。鲁迅去世后，有人在报纸上发文抨击鲁迅，萧军看到后异常气愤，盛怒之下便向对方约架。过后，萧军向人吹嘘说自己如何厉害，怎么样把对方打得屁滚尿流等。有一次，他又在和朋友谈论此事，正好聂绀弩从旁边经过。因为事发当天，聂绀弩也在场，所以对当时的情况比较了解，说道：“你们打架那天我也去了，刚开始打得不分伯仲……其实打架这种事我是不赞同的，但从这件事里面能够感受到你对鲁迅先生的敬佩，这一点我很赞赏。我也很佩服鲁迅先生，他就是一个斗士，其语言像匕首一样锋利，一生都在与人斗争，但他从来都是据理力争，让人不得不服。”话刚说完，满脸红晕的萧军就惭愧地低下了头。

聂绀弩表面上是在肯定萧军对鲁迅的感情，实则通过鲁迅“文斗”的行为反衬萧军“武斗”的劣行。他的一番话既让萧军认识到自身的错误，也没有伤害到他的面子。用一方的事迹去映衬另一方的错误，既可以点醒对方，又可以避免尴尬。

除了用他人的事迹点醒对方之外，明人巧说暗话还有另外一个比较典型的应用：用随机编造的故事委婉批评对方。

伊凡·克里玛是捷克著名的作家。有一次，83岁高龄的他参加当地一个读书活动，其间他的一个崇拜者想请他签名，顺带着恭维说："尊敬的克里玛先生，听完您的朗诵，我感觉您活到90岁都没问题！"克里玛听到这样的恭维，先是一愣，紧接着从容地说道："我曾经在一本书上读到过这样一则故事，说的是有一位年过九旬的长者，看起来精神很好，有人走到他跟前恭维地说他可以活到100岁，他却说，'我又不吃你家的饭，为什么要限制我的岁数呢?'"听到这里，刚才那个粉丝恍然大悟，连声道歉，还说："对不起，是我说错话了。我恭祝您寿比南山！"听到这句话，克里玛微笑着签了自己的大名。

对于一般的人来说，能活到90岁已经是很高的岁数了，但对于一个80多岁且身体硬朗的人来说，100岁恐怕也不是自己的目标。如果这个时候，还祝愿对方活到90岁，在听者看来，无异于是一种给年龄设了上限的"诅咒"。考虑到崇拜者也是一番好心，克里玛就临时讲了一个故事，给对方以暗示。这种充满幽默感的"批评"除了能让对方认识到自己的错误，还会对批评者的胸怀表示感激。

巧说暗话的初衷是为了不伤人，但既然叫暗话，里面自然有讽刺的成分，有时候为了达到痛批对方的目的，暗话同样可以起到绵里藏针的效果。

2012年，美国总统大选进行第三场辩论，罗姆尼率先向奥巴马发难："你不停地裁军，结果，我们现在的海军战舰比1917年以来的任何时候都小，关于这一点，你怎么解释？"奥巴马笑着看了一眼对方，说道："你说的没错，我们部署的战舰确实比那个年代少，其实，我们的战马和刺刀也比那个时候少了很多。我们军队的性质已经发生了改变，这个你知道吗？我们现在有一种东西可以让飞机在上面降落，叫航空母舰；我们也有可以潜到水里的船只，叫核潜艇。”

奥巴马的一番话让罗姆尼顿时语塞，现场的听众也都哈哈大笑起来。他的“刺刀战马说”成功地讽刺了罗姆尼的时代眼光，同时也让选民们大加赞赏。

罗姆尼指责奥巴马的裁军让海军舰艇变得越来越少，但奥巴马没有正面反驳，而是顺着罗姆尼的思路，巧用战马、刺刀的事实，委婉表达了战舰过时的意思，可谓绵里藏针。这种批评以退为进，貌似没有火药味，但在反击对方方面可谓威力十足，而自己又不失风度，可谓一举两得。

Chapter 8

第八章
会圆场的人，走到哪里都受欢迎

无论圈子大小，人多人少，在交流时都免不了出现冷场的情况。现实生活中，总有一些人扮演救火队长的角色。有时候，救火队长也不是这么容易当的，因为队长经常会因为一句话没说到位，甚至一个词没用对，而发生引火烧身的惨剧。当然，话说回来，那些在各种场合都广受欢迎的人也恰恰是这些会圆场的人。有这些人在，聚会邀请者不怕氛围弱，与其临坐者不怕话题少，特立独行者不怕棱角多。所以，不管什么职务、性格的人，都应该掌握一些圆场的技巧。

为他人打圆场，替自己赚“人情”

人人都有难言之隐的时候，谁都有不想被他人知道的隐私。遗憾的是，现实生活中经常会发生隐私被曝光或者让人下不了台的事。在这个时候，如果有人出来圆一下场，替人遮盖羞处，就会让当事人感激不尽，日后有机会，必当回报这份“人情”。

那些自尊心很强的人遇到让自己下不来台的人时，往往会抱有强烈的反感心；而对于给他们提供“台阶”、保全其面子、维护自尊的人，则会产生由衷的敬佩之情。这也就是人们常说的“赠人玫瑰，手有余香”。

当人们下不了台的时候，多么希望有个“赠人玫瑰”的“打圆场”者出现啊！可有些愚蠢的人却往往抱着“事不关己，高高挂起”的态度，认为替他人“打圆场”非但耗时费力，还有可能吃力不讨好。像这种不会出手援助别人的人，哪天等到自己下不来台时，他人也往往会以袖手旁观来回报之。

而智者通常都会明白这样一个道理：替别人“打圆场”，就是为自己赚“人情”。因此，他们会不失时机地为别人排危解困，也为自己赢得更多的友谊。

生活中，我们会发现，热心肠的人不仅比自私冷漠的人快乐，也更容易交到朋友。只是说几句得体的话，就能让大家皆大欢喜，何乐而不为呢？作为旁观者，与其怀着看热闹的心态“围观”，不如充当和事佬，化干戈为玉帛。

打圆场时，态度要缓和，而且反应要快，这样才能息事宁人，避免火上浇油，扩大事态。所以，“打圆场”也是一门非常考验人的说话艺术。

妻子冬梅过生日，汪田特地找了家装修浪漫、布置温馨的中餐厅请她吃饭。

趁妻子没在意，汪田悄悄点了一道她最喜欢的“蚂蚁上树”，没想到却弄巧成拙。因为服务员上菜时，妻子看到一整盘菜里尽是粉丝，根本没有什么肉末。

冬梅也是个嘴巴不饶人的主，故意装糊涂问服务员：“这道菜叫啥？”

服务员不明就里地答道：“蚂蚁上树。”

这下可被冬梅揪住了小辫子，更来劲了：“那怎么我只见‘树’不见‘蚂蚁’?”

服务员看了一眼菜盘，脸涨得通红，不好意思地立在哪里。

汪田心想，今天是来吃生日餐的，图个高兴，现在弄得人家服务员下不来台，很不好。于是，他赶紧开启“打圆场”模式：“人家‘蚂蚁’可能是太累了，还没爬上树来。要不你们通知一下厨房，换一盘爬得快的‘蚂蚁’来！”

服务员听完，感觉如释重负，没过多久，就端上了一盘正宗的“蚂蚁上树”。

汪田不愧是“打圆场”的高手，三言两语，就成功地替服务员解了围。这么一来，服务员对他满怀感激之情，肯定也会想办法弥补过失，上一盘真正的“蚂蚁上树”。

“打圆场”是一个人幽默和修养的体现，同时也能展示自己的大度。生活中，只要有心，人人都可以“打圆场”，丈夫为妻子，下属为领导，朋友为朋友，甚至老师为学生也可以打圆场。

一天，刘老师正在课堂上讲解一道复杂的函数题。正讲到关键点时，有位同学不小心在自己的座位上摔倒了，凳子都被掀了个底朝天。别的同学一见，都开始哄堂大笑，眼看这纪律没办法维持了。

不过，刘老师还算淡定，并没有生气。他大方地想：学生是不小心摔倒的，我又何必斥责他呢？而旁边哄笑的学生，毕竟都是孩子，其实也没什么错，只是控制情绪的能力不强罢了。于是，他幽默地说道："看来，这道函数题真的是太难了，不然思明怎么会吓得钻到桌子底下去了呢？"

这么一说，还真管用，摔倒的同学脸不红了，又端端正正地坐了回来。刘老师不失时机地继续说道："这道题这么难，你们害怕吗？要是不怕的话，就解解看？"

其他学生一听，也都停止了哄笑，并安安静静地开始解起题来，课堂也随之恢复了平静。

面对学生的错误，老师如果只是一味地斥责或批评，只能治标不治本，无法从根本上解决问题。如果老师大度一点，利用幽默为学生"打圆场"，给学生一个台阶，则必能赢得学生的尊敬与感激，学生自然也就会以认真学习来回报老师。

审时度势，让各方都满意

有些人之所以会在交际活动中陷入窘境，往往是因为他们在特定的场合做出了不合时宜的事情，结果造成整个局面的尴尬和难堪。这种情形下，打圆场作为最行之有效的方法，莫过于换个角度或找一个借口，用合乎情理的解释来证明对方有悖常理的举动在此情此景中是无可厚非的。这样一来，对方的尴尬解除了，正常的人际关系也不会中断。

有一次，著名演员新凤霞和丈夫举办敬老晚宴，邀请了文艺界许多著名的前辈。时年90多岁的齐白石在看护的陪同下也前来参加，老人坐下后，拉着新凤霞的手目不转睛地盯着对方看。看护带着责备的口吻对齐老说："你总盯着人家看什么呢？"

齐老不高兴了，说道："我这么大年纪了，为什么不能看她？况且她还生得这么好看。"

说完，只见齐老的脸气得通红，弄得大家也都觉得很尴尬。这时新凤霞笑着对齐老说："没事，您看吧，反正我是演员，不怕人看。"

在场的人都笑了，现场气氛也都缓和了下来。

在这里，新凤霞巧妙地运用了打圆场的技巧，强调事情发生的合理性，以"自己是演员"为理由，证明齐老看自己是正当而合理的，这既让自己摆脱了困境，也给对方找到了行为的理由，从而使交往活动能正常进行。

打圆场的初衷是为了化解现场的尴尬气氛，所以它未必能让每个人都满意。如果说话者用来打圆场的话可以做到取悦最多的人，自然是再好不过了。那么，究竟怎样说话能够让这个圆场尽可能覆盖到周围的人呢？

一个大学教授在给学生上课时讲到语言的魅力，特意举了这样一个例子：

我有一个朋友，特别会说话，有一天他到我家里来做客，正好赶上那天我儿子第一次带女朋友回家，但当时朋友并不知情。在有些人看来，一个家庭同时接待两个互相不认识而且没有任何关系的客人，坐在一起，难免会让对方觉得尴尬。但当儿子领着女朋友走进家门后，朋友说了一句话，让在场的我们四个人听了都非常高兴，只见这位朋友说："这孩子像他爸，会挑！"

一句加上标点符号还不超过十个字的话竟然同时夸了四个人：首先让孩子他爸高兴，因为自己有眼光；当然，孩子妈也高兴；孩子因为像爸爸一样有眼光而高兴；孩子的女朋友听到后自然也高兴。这样，大家尚未落座，情感上就已经有了共鸣，场面自然会其乐融融。

有时，在某些场合中，双方因彼此不满意对方的看法而争执不休，很难说清孰对孰错。作为调解者，应该对争执双方此时的心理和情绪给予充分的理解，不可厚此薄彼，以免刺激双方的对立情绪。当然，调节者也要对双方的优势和价值都予以肯定，并在一定程度上满足他们自我实现的心理。在此基础上，调节者拿出双方都能够接受的建设性意见，这样就容易为双方所接受了。

在一次学校举行的文娱活动上，教师和员工分成两个小组，每组自行编排和表演节目，然后再进行评分。表演刚结束，坐在下面的观众就分成两派，吵得不可开交。眼看着活动就要陷入僵局，主持人灵机一动，对大家说："两个小组表演得都不错，那么到底哪个组能得第一呢？我看，应该具体情况具体分析。教师组激情四溢，富有创意，应该获得最佳创作奖；员工组精神饱满，富有朝气，应该获得最佳表演奖。”随后宣布两个组都获得了第一名。

主持人因为清楚文娱活动本身的目的在于激发教职员工参与文娱活动的激情，而不是在名次上分出个高低。基于这个考虑，在评比出现矛盾的情况下，他没有和大家一起争论孰优孰劣，而是强调了两个小组各自的特点和优势，并对两个小组的努力都给予了肯定，结果就很容易地为大家所接受了。

故意曲解，化干戈为玉帛

在交际场合中，交际双方或第三者由于彼此言语、习惯、风俗等不同，常常会说出一些让大家感到惊讶的话语，或者做出一些怪异的举止，从而导致难堪和尴尬场面的出现。为了缓解这种局面，可以采用故意曲解的办法，即装作不明白或故意不理睬他们言语行为的真实含义，而从善意的角度做出有利于化解尴尬局面的解释。

在一次同学聚会上，大家见面后都很亲热，聊得也十分开心。这时，一位男士对坐在旁边的一位女士信口开河地说："你当初可是主动追求过我的，现在还有想我吗？"按理说，在这种老友久别重逢的气氛中，开些类似的玩笑，虽有不妥，但也无伤大雅。但这位女士由于某种其他原因，竟然脸色一变，气呼呼地说："你神经病呀！谁会追求像你这种心理龌龊的人。"她声音很大，在场的人都惊讶地看着她，觉得很尴尬，场面也一下子冷了下来。

此时，另一位女士站了起来，笑着说："都已经5年了，咱们小妹的脾气还是没变，她喜欢谁，就说谁是神经病，说得越厉害、越让人受不了，也就表明她越喜欢。你们说，我说得对吧？"一番话，让大家都回想起大学的美好时光，你一言我一语，互相开起玩笑来，一场风波也就这样被平息了。

在这个事例中，批评哪一方都显得不合适，只会加剧矛盾的激化，破坏聚会的气氛。这时候另一位女士从善意的角度出发，对双方的语言做出“歪曲”的解释，故意把第一位女士的话理解为是一种“喜欢”，引导大家回忆大学的美好时光。在这样的气氛中，大家很快都忘记了尴尬和不快，原本尴尬的场面也就烟消云散了。善意的曲解并非单纯地和稀泥、捣糨糊，而是弥补别人一时的疏忽，消解他人心中的误解和不快，进而保证人际交往的正常进行，因此也是一种非常有效的圆场技巧。

通过这个事例我们还可以看出，在交往中遇到尴尬的场面时，准确把握双方的心理，然后运用说话的技巧，并借助恰到好处的语言及时出面打圆场，化解尴尬，是十分重要且宝贵的。

说到揣摩心理，靠故意曲解打圆场，就不得不提冯骥才的《好嘴杨巴》里面的一个经典片段：

李中堂正要尝尝这津门名品，手指尖将碰碗边，目光一落碗中，眉头忽地一皱，面上顿起阴云，猛然甩手“啪”地将一碗茶汤打落在地，碎瓷乱飞，茶汤泼了一地，还冒着热气儿。在场众官员吓蒙了，杨七和杨巴慌忙跪下，谁也不知中堂大人为嘛犯怒?

当官的一个比一个糊涂，这就透出杨巴的明白。他眨眨眼，立时猜到中堂大人以前没喝过茶汤，不知道洒在浮头的碎芝麻是嘛东西，一准当成不小心掉上去的脏土，要不哪会有这大的火气？可这样，难题就来了——

倘若说这是芝麻，不是脏东西，不等于骂中堂大人孤陋寡闻，没有见识吗？倘若不加解释，不又等于承认给中堂大人吃脏东西？说不说，都是要挨一顿臭揍，然后砸饭碗子。而眼下顶要紧的，是不能叫李中堂开口说那是脏东西。大人说话，不能改口。必须赶紧想辙，抢在前头说。

杨巴的脑筋飞快地一转两转三转，主意来了！只见他脑袋撞地，“咚咚咚”叩得山响，一边叫道：“中堂大人息怒！小人不知道中堂大人不爱吃压碎的芝麻粒，惹恼了大人。大人不记小人过，饶了小人这次，今后一定痛改前非！”说完又是一阵响头。

李中堂这才明白，刚才茶汤上那些黄渣子不是脏东西，是碎芝麻。明白过后便想，天津卫九河下梢，人性练达，生意场上，心灵嘴巧。这卖茶汤的小子更是机敏过人，居然一眼看出自己错把芝麻当作脏土，而三两句话，既叫自己明白，又给自己面子。这聪明在眼前的府县道台中间是绝没有的，于是对杨巴心生喜欢，便说：“不知者当无罪！虽然我不喜欢吃碎芝麻（他也顺坡下了），但你的茶汤名满津门，也该嘉奖！来人呀，赏银一百两！”

这一来，叫在场所有人摸不着头脑。茶汤不爱吃，反倒奖巨银，为什么？傻啦？杨巴趴在地上，一个劲儿地叩头谢恩，心里头却一清二楚全明白。

转移话题，制造轻松气氛

当僵局或尴尬出现时，有些人因为情绪冲动，往往会在一些问题上互不相让。打圆场时，不妨岔开他们的话题，以此来转移他们的注意力。特别是在交际场合，如果因为某个较为敏感的问题弄得交谈双方都很对立，甚至阻碍了交谈的顺利进行，可以暂时把它避开，转移话题，换一些较为轻松的话题来活跃气氛，从而缓和尴尬的局面。比如，朋友之间因为某个问题争得面红耳赤，僵持不下时，可以适时调侃一句“要把这个问题弄明白，比国家足球队赢球还难”；也可以说个笑话，让双方的情绪平缓下来，在相对轻松的气氛中让尴尬消失殆尽，从而使交际活动得以顺利进行。

当然，有时候人们因固执己见而争执不休，造成僵局难以缓和的原因往往不在于双方的看法本身，而是彼此的争胜情绪或者较劲心理在作怪。其实，对某一问题的看法本身并非固定不变的，它会随着环境的变化和角度的转移而改变，不同甚至对立的看法也有可能都是合理和正确的。因此，我们在打圆场时要认识到并抓住这一点，帮助争论双方换一个角度来看待争执点，这样就可以灵活地分析问题，使他们认识到彼此看法的相对性和包容性，从而让双方停止那些无谓的争论。

某大学正在举行一年一度的拔河比赛，大家都摩拳擦掌地做着准备工作，这时文斌觉得天气有点热，就把外套脱下来放在了旁边的阳台上，这时其他几位同学看到了，也纷纷把外套脱下，一件一件地压在了文斌的衣服上。过了一会儿，文斌看到了，很是恼火，就随手拿掉上面的一件扔在地上，说："这都是谁的衣服，别压在我的衣服上，赶快拿走！"衣服被扔在地上的那位同学心里很不高兴，说："不放就不放，好好说嘛，干吗把我的衣服扔在地上！"眼看着现场气氛紧张起来，眼尖的班长赶紧跑过来说："大家平时都玩得挺愉快的，今天这是怎么了？比赛马上就要开始了，别的班级可都准备好了，正盼着我们输呢！这个时候，咱们可得齐心协力、团结一致呀！"

这时，那两位才意识到还有更重要的比赛在等着大家，便不好意思了，随即抛开衣服的事情，认真去做赛前的准备工作了。

案例中班长的打圆场，先是以"大家平时玩得挺愉快的"来缓解气氛，然后用一句"别的班级可都准备好了，正盼着我们输呢"岔开了话题，顺利转移了争吵双方的注意力，并提醒大家越是在这个节骨眼上越要齐心协力，从而化解了一场纠纷。

当然，转移话题要有一个比较流畅的过度，不能让大家觉得莫名其妙。所以，为了在圆场的时候能够更好地发挥转移话题的作用，还需要掌握以下一些基本技巧。

1. 自然转换法

俗话说"物极必反"，所以当一个话题谈得久了，大家的兴致自然就会降低，此时最好适时停止发表意见，并自然地引出另一个话题来。

2. 问题转移法

在交谈的过程中，适当提出一个问题，然后把谈兴引向另一方面。

3. 答非所问转移法

有些话题自己不便发表意见，就可以在回答时转移视线，进而引出其他内容。

例如，王科长和杜科长喝酒，王科长喝醉了，说："老杜，你说，昨天张部长批评我对不对？我为什么不可以涨工资？他这是不是故意整我呢？”杜科长说：“咱部里前两天又出了一件事你知道不？”这样就自然地把话题引开了。

4. “关心他人”法

即在交谈过程中适时扯进一个第三者，从而中断原话题，转向新话题。这个第三者，最好以新闻人物、对方熟悉的或关心的人为宜。

5. 扩展话题法

即把话题引向另一个外延去。

6. 提出异议法

提出另一种意见，从而将对方的注意力引向对另一种意见的思考。

转移话题的方法还有很多，最重要的是现场发挥，妙在“巧”转，做到不露声色，以便交谈能够顺利进行。在转移话题的时候，如果能够遵循以下原则，将会达到更好的效果。

（1）看准时机。当交谈各方对话题的兴趣下降，即将或者已经开始冷场的时候，是引入新话题的最佳时机。不要在自己没兴趣了，而对方兴趣正浓时突然转移话题，也最好不要在一些次要的细节上节外生枝，游离于那些正谈得热乎的话题。

（2）新话题要有引发性。即要转向大家有交谈兴趣的话题，否则，仍会冷场，起不到圆场的作用。

（3）话题转移要自然、顺畅。勉强地转移话题非但不会给交谈注入活力，还会造成尴尬，破坏气氛。

幽默自嘲，圆场常青树

幽默向来被人们视为只有聪明人才能驾驭的语言艺术，而自嘲也被称为幽默的最高境界。由此观之，能幽默、会自嘲的人必定是智者中的智者，高手中的高手。

有些缺乏自信的人总是不敢使用自嘲的技巧，因为不想当着大家的面调侃自己，毕竟它是要拿自身的不足、失误甚至某些生理上的缺陷来开涮，对羞处、丑处不予遮掩，反而把它放大、夸张，然后巧妙地引申发挥，博取他人一笑。所以，没有豁达、乐观、超脱的心态和胸怀，是无法做到的。可想而知，那些自以为是、斤斤计较、尖酸刻薄的人很难做到这一点。

既然是自嘲，自然就谁也不伤害，最为安全。可用它来消除紧张，活跃谈话气氛；在尴尬中自找台阶，保住面子；在公共场合获得人情味；在特别情形下亦能起到含沙射影、刺一刺无理取闹之人的作用。或许正是基于如此多的优点，它才成为很多哲人墨客经常运用的手段。

据说古希腊哲学家苏格拉底的妻子是个强悍的泼妇，经常对他发脾气，而苏格拉底也总是对旁人自嘲道："和这样的老婆住在一起有很多好处，因为她可以锻炼我的忍耐力，加深我的修养。"一次，老婆不知何故又发起脾气来，大吵大闹，很长时间都不肯罢休，苏格拉底只好退避三舍。他刚走出家门，只见那位怒气难平的夫人突然从楼上倒下一大盆水，把他浇得像只落汤鸡。站在人群中的苏格拉底打了个寒战，不慌不忙地说："我早就知道，响雷过后必有大雨，现在看来果然不出我所料。"

很显然，苏格拉底对自己的老婆确实有些无可奈何，但他带有自嘲意味的讥讽，使他从这一窘境中逃脱出来，也彰显了其极高的修养。

我们都知道，凡幽默者多是那些待人宽厚、与人为善的人。他们往往不会故意与人为难，时时跟他人过不去，更不会无事生非。一般来说，他们遇事都会退避三舍，即使受到不公平的待遇或者遭到令常人难以忍受的冤屈时，往往也不会咬牙切齿地怨恨，愤怒得破口大骂，更不会拿出什么撒手锏致对方于死地。但是，他们也不是窝囊废，因为他们会以其独有的宽容的方式来做出反应，也许会带一点嘲讽，当然更少不了自嘲。这样一来，他们往往就成了更高意义上的胜利者。

在与同事相处时，碰到不如意或者难堪之事都在所难免，如果能以一个幽默的智慧和轻松的态度从容面对，不但能够化解紧张的气氛，也能够显示出你的仁慈和宽容。

几位公司的高管在招待所聚餐，庆祝近一个月的业绩上扬。因为都是一级主管，公司特别加派了一位刚来的职员随桌帮忙。

上完菜后，那个刚来的年轻职员就开始为各位主管一一斟酒。可能是过于紧张，只见他一不小心把酒倒在了一位秃顶高管的头上，而这位高管恰恰也是公司的总经理。看到这一场面，在场的人全都愣住了，不知如何是好，而那位闯祸的职员更是满脸尴尬，不知所措。就在这一尴尬的时刻，只见那位总经理不慌不忙地用餐巾纸擦了擦头，笑着对年轻职员说："老弟啊，你用的这种方法我早就试过了，没用的。"

事后，那位刚来的公司职员一直对总经理的宽容和仁慈感激不尽，所以工作起来格外卖力，也为公司的销售业绩做出了突出的贡献。

作为圆场时惯用的一种手段，幽默自嘲有着其他传统方式无法比拟的优势，所以不管是身居高位的领导，还是战斗在一线的普通员工，都应该学一些这方面的技巧，为人，更为己。

Chapter 9

第九章
说好“对不起”，放下面子和为贵

古人云：“人非圣贤，孰能无过，过而能改，善莫大焉。”在改过之前，还有一道流程需要去做，就是道歉。针对不同的人和事，道歉的形式和语言也可以自由选择，但有一点务必要到位，就是真诚。当然，要把道歉的话说到点子上，光有这些肯定不够。还要考虑道歉的时机、措辞等。与其他几种形式的说话技巧相比，道歉相对简单，可操作性也更强，但也不能过于随意，否则会适得其反。

抓住时机，道歉效果佳

人与人在交往的过程中难免会发生矛盾，如果错在对方，自己要学会多几分宽容；如果错在自己，那就要学会怎样道歉。向他人道歉，除了需要一定的勇气，还需要表达诚意的态度。当然，有时候为了让道歉达到弥补关系、增进感情的目的，还需要选准时机。

石伟和孙丹是同事，也是好朋友，平时关系很铁。一次在饭桌上，石伟因为多喝了一点酒，没管住嘴巴，结果把一个和孙丹有关的小秘密透露给了大家，而他之前曾经答应过要帮孙丹保密的。其实，石伟本来没打算说，只是有同事趁他酒劲发作在旁边挑逗，结果一不留神就说了。孙丹就在旁边坐着，几乎就在石伟把秘密说出口的一瞬间便摔门而出了。石伟当时很后悔，事后也总想着向孙丹道歉，但对方都没有给他机会。正好过几天就是孙丹生日了，石伟便决定等到生日当天，借着大家为她祝贺的机会，向她表达歉意。

孙丹生日当天，石伟在她每天必听的一个电台点了一首她最喜欢的歌，并借助主持人表达了自己的歉意："孙丹，对不起，我不是有意想伤害你的，因为那样的话，我会比你更加痛苦。希望你能原谅我，因为我还想和你继续做朋友。今天是你的生日，祝你生日快乐！"

听完石伟的道歉，孙丹心里涌出一股暖流，当天就接受了他的道歉。此后，他们和好如初。

心理学家普遍认为，表达歉意的时间选择存在一个“道歉式成熟期”，也就是我们所说的道歉的最佳时机。这个时机因人而异，因事而异，一般在失言后10分钟到2天内最佳。试想一下，当两个人刚发生完激烈的争吵，一方的怒火还在燃烧，另一方就赶去道歉，结果自然就会像飞蛾扑火，自取灭亡。所以，争吵完后，最佳的办法就是先缓一缓、避一避，等到对方气消了，你去道歉才能事半功倍。

《等待：拖延的艺术与科学》一书的作者弗兰克·帕特诺伊说：“我们总是时刻准备对所有事情做出立即反应。”他认为道歉中的战略性拖延常常能得到最好的结果，并说道：“我们总觉得需要马上道歉，同样地，我们也觉得需要马上回复信息、邮件和24小时新闻。但如果某个人犯了一个很严重的错误，比如对妻子不忠，最好的道歉时间是在对方有机会‘大叫和发泄’，并且完全接受背叛这个信息之后。”

还有几种情况不适合立即道歉：第一，对方因为你说错话，虽然没发怒，但是很伤心，说明情况更严重。此时，不要贸然道歉，否则会自取其辱。最好先找亲近的人帮忙劝一下，然后再找时机澄清。第二，有第三者在场时，不要说秘密的道歉话。第三，你的问题不是主要的，对方或许正在为其他事情发愁，此时最好不要道歉，那样只会让对方更加不满。

尽管有利的时机对道歉很有帮助，但不能为了等待一个所谓的最佳时机而无限期地拖延。与时机相比，道歉也有自己的原则：尽快。有些人总是幻想着时间可以冲淡对方的愤怒，但太迟的道歉终究会给人一种缺乏诚意的感觉。未来本身就充满着种种未知，如果因为拖延而错过了最佳的时机，只会遗憾终生。

一个周末，李涛的一位好友带着忙碌了一个星期才完成的策划案去李涛家里，想请他帮忙给指点一下。不巧的是，李涛前一天晚上刚和女友分手，心情极度郁闷，草草看了一遍就当着朋友的面把对方的策划案贬得一文不值。

朋友走后，他冷静地回忆了一下朋友的方案，感觉并不像自己说的那样差，自己之所以言辞激烈，只是为了发泄自己的情绪。他本想给朋友道个歉，但好几次搜索出朋友的号码，都没有按下去。一年后，他无意间又想起了那件事，没有多想什么，就把电话拨过去了，结果是一个空号。几经辗转，他终于找到了这位朋友的号码，并打电话给对方，提起了一年前的那件事，并向他道歉。朋友表现得很大度，但口气始终很冷淡，说他已经忘了那件事。没聊两句，那位朋友就说自己在忙，等以后再聊。结果，始终没有再聊。

李涛因为一个迟到的道歉而永远失去了一个朋友，而且多了一件让其一生都要愧疚的往事。

道歉的时机固然重要，但这个时机也要因人而异，不能像在商场里挑衣服一样，一定要选出最合身的。向朋友道歉，不是服软，而是一种胸怀，一种豁达的表现，所以既要“当机”，也要“立断”。

小道歉，大智慧

做错事道歉是天经地义的事情，也是顺理成章的逻辑，但是现实生活中总会遇到许多应该道歉但实际上没有道歉的行为。其实，阻止一个人向对方道歉的原因无非三类：缺乏勇气，缺少意识，认为没必要。那么，道歉与不道歉之间究竟有没有一个可以量化的标准？或许美国作家盖瑞·查普曼博士通过他的经历会给我们一些启示。

盖瑞·查普曼在他和美国著名心理学家詹妮弗·托马斯博士联合撰写的《道歉的五种语言》一书中讲过这样一个故事：

一天，我在一家银行排队办理业务，虽然当时只等了不到90秒，但轮到我的时候，柜台出纳员还是面带微笑地对我说：“非常抱歉，让您久等了。”

“没关系。”我说，并把要办理的业务单据交给了对方。

出纳员处理完后对我说：“还有其他业务需要办理吗？”

“没有了。”

出纳员再次微笑，并说：“祝您下午愉快！”

“谢谢，也祝你下午愉快。”

从银行出来后，我又开车去了邮局，并在那里排队等了13分钟才走到柜台前，可是柜台工作人员什么话也没说。

“我要寄一份特快专递。”

对方没有任何回应，只是在计算邮资，随后说了一句："3.2元钱。"

我给了她5元钱，她找完零钱后连同收据一起交给我。

"非常感谢。"离开的时候我这样说道。

回办公室的路上，我回想着今天的两次经历：银行的经历让人很愉快，也感觉对方很友好；在邮局，感觉自己是在和一台机器打交道，而不是人。为什么我会对这两次经历有如此不同的反应呢？或许是因为银行出纳员在开始服务之前为了我的"等待"而道歉，但邮局工作人员什么也没说。

查普曼回忆了自己过去10年去银行和邮局办理业务的情形，发现几乎每次的经历都是相似的。在银行排队，每个出纳员都会说"很抱歉，让您久等了"。在邮局，尽管排队等候的时间总是比在银行里长，但是他们的工作人员却从来没说过任何道歉的话。很显然，银行的出纳员接受过礼仪方面的培训，而邮局的工作人员并没有接受过。所以，银行的工作人员有道歉的意识，而邮局的工作人员则没有。有人可能会认为银行出纳员的道歉只不过是例行公事，缺乏诚意，但实际上，顾客还是会很感激有人为他们的等待而道歉。

那么，办理业务前的这个小小的道歉又有什么作用呢？说句心里话，当时可能除了会影响顾客的心情之外，真的没有什么大的作用，毕竟即便你不喜欢邮局的态度，但是你还是要在那里办理自己的业务。事实上，道歉的力量只有在日积月累之后才会爆发出惊人的魅力。回头去看那些成功的公司，会发现它们的工作人员无论是在电话咨询时，还是在面对面的沟通交流中，都会表现得彬彬有礼，会因为一点失误而向顾客道歉。或许大部分公司都认可"顾客就是上帝"的理念，但真正将这一理念付诸实施的企业并不多，而最成功的企业也往往是那些为数不多的懂得道歉的企业。

郑刚在北京上班，每天都要挤地铁。一次，因为出发得有点晚，所以赶得也有点急。眼看着地铁门就要关上了，他赶紧冲了上去，结果不小心踩到了一个小朋友的脚。郑刚本打算道歉，结果一看是个小姑娘，也就没当回事，把到嘴边的话又给咽了回去。谁知站在旁边的一位中年男子朝郑刚瞪了一眼，嘴里咕哝着说：“现在的年轻人真没礼貌，踩到别人连3岁的小孩子都知道应该道歉，结果还不如3岁的小孩呢！”

郑刚不清楚对方和小姑娘是什么关系，便回嘴说：“又没踩到你，关你什么事？”

这下可好，中年男子刚才还像步枪一样的咕哝立马换成了重型火炮般的回击，两个人互不示弱，差一点就要动起手来。这时，刚才被踩的小姑娘站在俩人中间说道：“爸爸，你别和叔叔吵了，刚才他只是在我鞋上蹭了一下，没有真正踩到我，我一点也不疼。”

听完小姑娘的话，郑刚和孩子的爸爸都停止了争吵，当着众人的面，都感觉挺不好意思的。

其实，遇到这种情况，不管是否真的踩到了对方，道个歉终归是明智的选择。不管是对亲人还是对陌生人，大事还是小事，勤于道歉，才是有修养的行为，也才是充满智慧的表现。

让道歉成为特效润滑剂

道歉有一种非常神奇的作用，它可以让友人重归于好，让婚姻幸福美满，让邻里关系和睦，让同事相处融洽……总之，它是人际关系中不可或缺的特效润滑剂。

自行车胎破了，需要用胶水将破洞补上，同样，人与人之间的关系破裂了，也需用一定的材料把它补上，无疑，道歉就是比较实用的“胶水”。补好的车胎从外表看不出任何瑕疵，由一方道歉而重归于好的感情也会更加亲密。人心终归不是硬铁冷石，当别人诚挚地向你道歉时，谁能无动于衷呢？原谅别人的错误也是一种宽容，这份宽容对健康和情绪都大有好处。

真正的道歉并非认错，而是表示承认自己的言行破坏了彼此的关系，所以希望通过道歉来强调这种关系的重要性，并希望能重归于好。

罗斯福总统很擅长维护同新闻记者的关系。一次，《纽约时报》的记者贝莱尔被派驻白宫，依照惯例，由白宫新闻秘书引领前去谒见总统。秘书问道：“总统先生，你是否认识《纽约时报》的费利克斯·贝莱尔？”

“不认识，不过，我读过他的东西。”一个浑厚有力的声音传了过来。这句话说得很棒，连措辞都是行话，“我读过他的东西”，也意味着自己是他们中的一员，又与他的身份相称。初次见面就营造了不错的氛围。

不过，罗斯福也有不近情面的时候。一次，罗斯福在记者招待会上长篇大论，措辞激烈，而贝莱尔在下面却睡意蒙眬，无精打采。总统突然大声喊道：“贝莱尔，我不管你代表哪家媒体，但是既然在这儿，就得做笔记！”对贝莱尔来说，总统的大喊大叫使他难受得简直想找个地洞钻下去。但冲突归冲突，罗斯福下来后仍同大家互相谈笑，交换意见，气氛也极为融洽。他甚至给记者取绰号，叫贝莱尔“鲁汉”，因为罗斯福认为《纽约时报》过于严肃，应该有一个叫“鲁汉”的人……双方的关系在玩笑中又恢复了“元气”。

还有一次，罗斯福在记者会上斥责一名记者，可他立刻明白，自己的斥责过重过严。事后，这位记者先来向他表示歉意，说他前晚玩牌有点晚，导致今天状态不佳。而罗斯福却说，扑克牌是娱乐消遣的好方法，他好长时间没玩了。说完，他转身让秘书去搞一顿自助晚餐，并和他们玩牌，以此来弥补自己的失礼行为。

罗斯福敢训人，也善于反思自己，错了就道歉，这一点值得每一个人学习。当然，道歉时也会出现对方不原谅或者碰钉子下不来台的情况，那么该如何应对呢？首先要明白，既然是自己错了，人家生气也是合情合理的，这颗苦果还得自己吞，同时相信对方最终会谅解自己。其次，要养成从主观上找出原因的习惯，也要看自己道歉的方式、场合是否恰当。

道歉并非耻辱，而是一种有教养的体现。既然是道歉，认错就一定要出自真心，否则非但没有效果，还会让自己陷入更加不利的境地。

有时候，自己平时没有道歉的习惯，或者需要道歉的人与自己关系比较特殊，导致道歉的话说不出口，可以用别的方式代替，比如送一束花、一件小礼物等来表达歉意。如果应该道歉，自己也决定道歉，那就立刻行动，因为时间的长短同道歉的效果成反比。

当面道歉，一定要看着对方的眼睛，说话要诚恳，切忌拐弯抹角。如用信件道歉，最好写上“对不起”三个字，并附带一些自制的小礼物。这就表明，自己愿意承担部分或全部责任，请求谅解。换个角度讲，假如错在他人，结果却没向你道歉，也不必闷闷不乐。如果实在憋不住，可由他人转达或者发信息给对方，告知你的疑惑。如果对方确实有道歉的诚意，一看到此信息，会立马给你回馈。如果对方始终没有回复，那么也不必介意，这不正是检验朋友关系的一次很好的机会吗？

道歉，不只是认错

道歉的官方解释是表示歉意，特指认错。那么道歉就真的只是认错吗？事实告诉我们，认错只是道歉的一个目的，如果在道歉的时候能够把话说到点子上，还可以获得其他好处，比如化敌为友、消除隔阂等。

1755年，当美国第一任总统华盛顿还只是一位上校的时候，为参选弗吉尼亚州议会的议员，参与了一场辩论。辩论时，一个叫威廉·佩恩的人和他发生了异常激烈的争吵。盛怒之下，华盛顿说了几句冒犯佩恩的话，于是，一时冲动的佩恩就上前将华盛顿打倒在地。华盛顿的部下见状，立刻上前将佩恩按倒，打算替自己的长官报仇。但是，缓过神来的华盛顿阻止了部下的行为，并命令放了佩恩，还让他们返回了营地。

隔天，华盛顿托人给佩恩捎了一张纸条，约他到附近一个酒馆见面。佩恩以为华盛顿想和他单独决斗，就应邀前往。令他深感意外的是，迎接他的不是枪支、拳头，而是酒杯。

"佩恩先生，"华盛顿诚恳地说，"人人都有犯错的时候，对我而言，能够纠正错误就是一件非常开心的事情。昨天我就在你身上犯了一个严重的错误，因为一时冲动而冒犯了你。不过我相信，你在某种程度上也获得了满足。如果你认为这件事情可以过去的话，那么我希望咱们可以握手言和。"

佩恩先生欣然接受了华盛顿的建议，后来他们还建立了深厚的友谊，并且佩恩也从原来的激烈反对者转变为华盛顿的坚定拥护者。

有句老话叫“不打不相识”，可见初始的矛盾、冲突并非完全是坏事，它有可能转变为你和对方建立亲密关系的契机。这个契机能否生效，关键看一方能否把道歉的话说到点子上。有些人因为原始的固执加上粗浅的目光，从来都不会主动修补与他人之间关系上的裂痕。或许他心里面认为不过是得罪了一个人罢了，况且还获得了侮辱对方的快感。殊不知，日后在通往前方的路上，给自己设坎的也许正是这个人。相反，如果当初主动道歉，和这位昔日的“敌人”成为朋友，那么你也就不必担心在什么地方会遇到他这道坎。

乔斌大学毕业后进入一家刚成立的公司给老板做助手。一次，老板突然就冲着乔斌吼道：“再没有比你策划的这个方案更糟糕的了，如果你把它打印出来，我们公司都会成为整个行业的笑柄。”

老板指的是乔斌花了将近一个星期才完成的一个化妆品宣传策划案。乔斌默默地听着，没有为自己辩解，最后说：“方案做成这样，可能跟我经验不足有关吧，我会尽快弥补这个短板的。”

老板继续说道：“方案里面不要体现别的公司的化妆品比这款卖得好，否则会引导消费者都去买那家公司的化妆品了；另外，你为这场活动提出的预算比化妆品所能获得的潜在利润都多，这不是要公司破产吗？”

乔斌回答道：“都怪我缺乏经验，我一会儿就着手把这个方案重新修改一遍。”

“不用了，”老板说道，“我已经在你做的方案上进行了修改。我知道你为这个方案付出了大量的时间和精力，而且你犯的错误每个没有经验的人都会犯，你也不要太放在心上，以免影响了其他的工作。而且，我相信类似的问题你以后会慢慢解决的。”老板的怒气就这样慢慢平息了，他也意识到自己不应该对一个刚毕业的大学生发这么大的火。

乔斌说的话不多，但巧妙地达到了自己的目的：既承认了错误，也解释了原因。这种方法让听者易于理解，同时也愿意去原谅他的失误。

从这个例子中，我们也可以看到，真正的道歉不只是承认错误，还要勇于承担责任，为维系与他人的关系做出适当的忍耐。

让道歉成为保护自己的盾牌

电影《窈窕绅士》中有一段极为搞笑的场景：林熙蕾饰演的女主角为了将孙红雷饰演的男主角从一个暴发户改造成翩翩君子，手里拿着一瓶辣椒水，要求男主角不管说什么都要以“对不起”开始，以“谢谢”结束，否则就用辣椒水喷他。尝试了几次辣椒水的威力之后，男主角终于转变性子，养成了不管说什么都不忘加上“对不起”的习惯，最后还真的有点“窈窕绅士”的模样。

我们当然不能在会道歉和绅士之间画等号，但这个故事至少让我们明白了一个道理：道歉的话说到点上了，还能保护自己。一句“对不起”可以让莽夫变绅士，貌似神奇，其实这只是道歉的智慧。当父亲扬起巴掌准备教训不听话的孩子，突然听到一句“爸爸，对不起，我错了”时，他会做何感想；当夫妻闹矛盾争吵，火药味十足，一方缴械投降，并真诚地说“对不起，这件事主要责任在我”时，另一方会做何感想；当领导的批评像失控的铁球一样朝自己身上砸来，下属趁机赶紧说“对不起，是我没有考虑周全”时，领导会做何感想？有时候，一句“对不起”真的会成为保护自己最有力的盾牌。

唐芬在一家火锅店当服务员，周末的时候，遇到了一位难缠的女顾客。她先把菜单递给顾客，让对方选择底料和需要的菜品，自己站在旁边等待，结果对方看了将近20分钟也没有选好。这时，店里的顾客越来越多，唐芬便撇下这位女顾客去招待其他顾客。没想到，女顾客一见唐芬走了，脸色顿时大变，大声嚷嚷着：“你们这是什么服务态度啊！明明是我先来的，凭什么把我撂在这里不理不睬？”随后，她拿出几张百元大钞，往桌子上一拍，又嚷道：“是怕我吃饭不结账吗，还是嫌我点的太便宜啊？”

如果是一般的服务员，面对这种不讲理的顾客，肯定会和对方发生正面冲突，好在唐芬是一位老员工，经验比较丰富。她压住自己的情绪，向其他顾客打过招呼后，快速走到这位女顾客那里，解释道：“对不起，请您原谅。最近店里生意比较忙，对您照顾不周，让您久等了。谢谢您对我们做出如此坦率的批评。”

唐芬几句话说完，女顾客顿时羞愧难当，不好意思地笑了笑，说：“哎，也不是，刚才我说话也有不中听的地方，也希望你别介意。”说完，就把自己填好的单子交给了唐芬。

等女顾客结账的时候，唐芬还亲自把对方送到门口，顺便塞给对方自己店里的一个纪念品作为礼物。后来，这位女顾客成了这家店里的常客，而唐芬也因为自己的机智赢得了晋升的机会。

唐芬在关键时刻，能够稳住自己的情绪，诚恳地说出“对不起”，这不仅压住了对方的火气，还让对方觉得不好意思。我们总说“有志不在年高”，其实有理的人也不在“声高”。说话不一定要振聋发聩、咄咄逼人才有分量，像唐芬那样，用道歉、谦让的方式本身就能赢得他人的尊重，而自己的尊严也会得到保护。

刘威是一个货车司机。一次，他载着几位朋友行驶在公路上，边开边听音乐。由于他的车开得比较慢，又行驶在路中间，而公路又比较窄，导致后面的面包车无法超车。面包车按了好几次喇叭，刘威都没有听到。终于面包车看准了时机，从刘威的车侧面超了过去，并停在他的车前，挡住了刘威的路。从面包车上下来几个人，对刘威一顿臭骂，而刘威的同伴也不甘示弱，纷纷挽起袖子，打算干架。这时，刘威赶紧走到大家中间，充满歉意地对面包车里的人说：“各位朋友，挡了你们的路，是我不对，也确实该打，但我真的不是故意的，看在这个份上，你们一会儿动手的时候，最好轻点、快点，也别耽误你们赶路。”

听刘威这么一说，对方都忍不住笑了出来，说：“算了。”就这样，危机被刘威的一句调皮的道歉话化解了。

不要在心理上形成认为说“对不起”是件没面子的事情。相反，在明知自己“对得起”的情况下还能够低下头向对方说“对不起”，不仅是一种勇气，也是做人的智慧。当我们想向他人解释某件事情时，如果一味强调客观条件的不足，或者总是替自己辩解，那么对方会觉得你是想抵赖或者推卸责任。对方一旦有了这样的认识，那么你的解释越多，就会把自己的路堵得越死。向他人解释的时候，不管理在哪边，都不妨像《窈窕绅士》中孙红雷饰演的主角一样，先说“对不起”。

面对他人的刁难、指责，学会放低姿态，主动赔礼，会充分显示自己的诚意。当然，低姿态不是一味地任凭别人摆布，而是把“理”讲到位，同时把“礼”做到位。如果道歉之后对方仍继续嚣张，此时再考虑“后兵”的战略，也不会让你在道义上处于劣势。

Chapter 10

第十章 能言巧辩，让对方心服口服

辩论无非就是说话，但它的威力绝对超出了一般意义上的说话，也迥异于口传纸录的话。辩论可能算得上说话里面除了骂人之外，进攻性和目的性都最强的语言。如何能把这种语言艺术发挥到最佳状态，除了勤学苦练之外，还需要在细节上上心。能辩得过对方固然最好，处于劣势时也能让自己全身而退，这才是辩者应有的智慧。

诡辩能辩亦可辩

诡辩在很多人看来就是把真理说成是谬误、把谬误说成是真理的狡辩。所以诡辩往往也是颠倒是非、混淆黑白的代表，其贬义之处也十分明显。说到诡辩，人们很自然地就会想到战国名家代表性人物公孙龙“白马非马”的辩论。在这一命题中，公孙龙从马的属性、颜色等推导出“白马非马”的结论。虽然让主流思想接受这样一种逻辑不太现实，但哲学也不否认“白马非马”在特定文化背景下有其独特的含义。在现实生活中，如果是就事论事的辩论，只需事实到位，逻辑清楚，就会立于不败之地；然而，如果遇到的是反逻辑的诡辩，最好的应对办法就是以诡辩对诡辩。

谭政所在的学校明令禁止在校园里穿拖鞋。一天，当他穿着拖鞋走进教室时无意中被跟在后面的班主任看到。

老师显然很生气，当着全班同学的面对他嚷道：“学校规定学生不能在上课的时候穿拖鞋，我也在开会的时候特意跟大家交代过，为什么你还要穿拖鞋？”

谭政大声回答：“老师，我没穿拖鞋啊！”

“没穿拖鞋，那你脚上的是什么？”老师提高了嗓音反问道。

“是凉鞋啊！”谭政低头看了一眼自己的鞋子，语气坚定地说道。

谭政脚上穿的原来确实是一双凉鞋，后来他把脚后跟的带子剪掉了，所以现在看上去和拖鞋没什么两样。此时，全班同学的目光都聚焦在谭政身上，想看他怎么脱身。

“既然后带都剪掉了，怎么会还是凉鞋？”老师有点恼火。

“当然还是凉鞋了，就像我们不能因为一个人缺条胳膊少条腿就认为他不是人吧？”谭政鼓足勇气反驳道。

这会儿，下面的同学反而替班主任捏了一把汗，担心她下不来台。班主任显然没料到谭政会来这么一出，先是一愣，紧接着就恢复了镇定，心平气和地说道：“你的话不错，但你的辩解是错误的。凉鞋之所以是凉鞋而非拖鞋，最主要的判断依据就是它的后面有带，就像一个人，如果他的头都没了，你还会认为他是一个人吗？”

听完班主任的教导，谭政就像泄了气的皮球一样，垂下了头。

班主任对谭政诡辩的反击可谓直逼其要害，也抓住了问题的关键，即凉鞋与拖鞋的根本区别在于它们是否有鞋后带。班主任根据这点编造了另一个诡辩，即一个人的头要是掉了，那他就不再是人了，并以此推翻谭政的言论。

李华是一个农村女孩，因为没考上大学就到广州打工，具体工作是在当地一所大学打扫卫生。一天，当她和工友辛辛苦苦干了半个小时终于把教学大楼的走廊打扫干净后，有个女大学生装在侧兜里的果皮屑就掉在了地上，女大学生回头看了一下也不打算捡，就往楼道走。工友把女大学生拦住，还和对方发生了争论：“怎么可以在地上乱扔果皮纸屑呢，况且我们才刚打扫干净。”

“如果不是我们把地上弄脏，你们干什么，要是连工作都没了，你们吃什么？”女大学生顶撞着说道。

李华本不打算干涉，听女大学生这样讲，觉得对方实在是太无礼了，决定替工友出一口气，便说道：“既然你这么热心肠，那好，我们明天统一改行去火葬场上班，那么也请你来照顾一下我们的工作。”

听李华这么一说，那位女大学生顿时哑口无言，愣了半天才不情不愿地回去把自己掉在地上的果皮屑捡起来扔进了垃圾箱。

在辩论中，如果对方运用诡辩，那么就一定存在可以抓住它“小辫子”的盲点。然后，再针对这一盲点进行毫不留情的“反诡辩”，从而达到批驳对方、阐明自己观点的目的。

黑格尔曾经对诡辩做过一段深刻的论述，他指出：“诡辩这个词通常意味着以任意的方式，凭借虚假的根据，或者将一个真的道理否定了，弄得动摇了；或者将一个虚假的道理弄得非常动听，好像真的一样。”所以，诡辩的威力固然很大，但用的时候一定要分清场合，不能为了突显自己的个性，信口开河地展现自己思维的独特。

巧用矛盾逆推理

《韩非子·难一》中记载了一个非常有趣的故事，说有个卖矛和盾的楚国人，夸盾的时候说它很坚固，什么东西都刺不穿；夸他的矛的时候，又说它很锋利，什么东西都挡不住。有一个人问如果用他的矛刺他的盾会怎样，结果这个楚国人无言以对。日后人们便用“矛盾”来形容互不相容的现象或问题。事实上，在和他人发生观点碰撞的时候，也要善于从对方的逻辑里面发现瑕疵，然后进行逆向推理驳倒对方。

一天，有个年轻人拜访爱迪生，说想到他的实验室里工作。爱迪生便问他有何志向，年轻人说道：“我想发明一种能溶解一切物品的万能液体。”

爱迪生惊奇地问道：“那你打算用什么材料的器皿来装这种液体呢？”

年轻人顿时哑口无言。

很显然，这个年轻人犯了一个和两千年前那个楚国人一样的错误，都太贪心了，结果陷入一种自相矛盾的思维陷阱。爱迪生正是从对方“溶解一切”的概念出发，指出其最基本的疏漏，自然而然地就驳倒了对方的观点。谁都知道，要发明一种可以溶解一切的万能溶液，就必须找到一个盛放它的器皿，这是最基本的常识。事实上，如果有盛放这种溶液的器皿，那就证明这种溶液不是万能的；如果没有盛放这种溶液的器皿，那么溶液就会因为找不到存放的地方而永远也不可能发明出来。

洞察到对方观点的谬误之处，再看对方的论据是否能够合情合理地支持这一观点。如果发现其中有矛盾之处，就用逆向思维，将其谬误之处一针见血地指出来。

采用这样的方法进行辩论时，要选择好进攻点，即将其中最不合理的部分拿出来作为突破口，然后从上往下进攻，让其结果难堪。

俄国作家赫尔岑有一次受朋友之邀参加一场音乐会。可是音乐会刚上演没多久，赫尔岑就不耐烦地用双手捂住耳朵，甚至打起盹来。此时，女主人就坐在旁边，对赫尔岑的行为感到非常惊奇，推醒赫尔岑问道："先生，难道你不喜欢这些音乐曲目吗？"

赫尔岑摇摇头，用手指向演奏台说："这些音乐都太低级了，没有什么好听的。"

女主人很不高兴地对赫尔岑说："今天晚上演奏的这些曲目可都是流行乐曲呀！"

赫尔岑反问道："流行的难道都是高尚的吗？"

女主人显然不服气，不以为然地反问道："如果这些曲目不高尚，它们怎么会流行起来呢？"

赫尔岑听了女主人的回答，风趣地说："照你的意思讲，流行感冒也很高尚了！"

在这个故事中，赫尔岑将女主人"凡高尚必将流行"的谬论加以渲染，并以此推导出了"流行感冒也很高尚"的谬论，对方自然无法反驳。

先下手为强占据主动权

辩论主要是在“争”什么？有时候，不是能力、技巧，而是主动权。人们也常说“先下手为强，后下手遭殃”。所以，有时候谁掌握了主动权，谁就可以做到先发制人。

与对手短兵相接，面对面辩论时，如果论据充分，就要直接驳斥对方的核心论点，指出其明显违背事实或常理的地方。这就好比在战争中，一旦发现对方的老巢，就调集重火力对其老巢猛烈进攻一样。

1988年，在“亚洲地区大学生辩论赛”的一场预赛中，新加坡国立大学队对香港中文大学队，辩题为“个人功利主义是社会进步的最重要的因素”。辩论一开始，站在反方的香港中文大学队就以反问的方式进行猛攻，其中一名队员指出：“孙中山领导辛亥革命推翻中国的封建制度，难道是因为个人功利主义吗？爱迪生发明电灯造福人类，难道是因为个人功利主义吗？”

在这轮辩论中，香港中文大学通过列举两个无可辩驳的历史事实，既表明了姿态，又让对手陷入了被动。将历史事实作为反驳对方的论据，自然有很强的说服力；另外，在一开始就采取主动攻势的另外一个好处，就在于它可以让自己在心理上占据比对方更优越的位置。

辩论虽是舌战，但绝非像泼妇骂街，而是要综合考虑攻守，进而采取最有利于自己的战略。虎头蛇尾的强攻或者忍气吞声的防守都可能置自己于死地。孙子曰："备前则后寡，备后则前寡，备左则右寡，备右则左寡，无所不备，则无所不寡。"正如《战争论》的作者、德国军事理论家和军事历史学家克劳塞维茨所言："进攻就是最好的防御。"辩论最有效的战略就是主动进攻，因为只有这样，才能掌握主动权，有了主动权，整个辩论赛场就是你的主场。当然，主动不代表盲目，进攻亦要讲究技巧，唯有这样才能取得最好的效果。

除了正面强攻之外，也可以采取侧面、包围、迂回等手段达到占据主动权的目的。所谓侧面进攻，就是当对方论点看似无懈可击，一时找不出其中的破绽时，先不与其进行正面交锋。等对方在辩论过程中出现漏洞时，再对其穷追猛打。所谓包围进攻，就是当对方的分论点很复杂或者难以理解的时候，将对方的核心论点分割开来，并逐一进行反驳。等这些分论点瓦解了，其核心论点的构架自然也会解体。而迂回进攻就是在对手论据充分、辩词无可挑剔时，从对手的辩论态度、讲话风度等方面展开诘难。

下面讲一个侧面进攻的故事。

1966年，作为演员出身的里根和布朗共同竞选加利福尼亚州州长一职。为了诽谤里根作为演员的出身，布朗的助手们苦心编了一个电视节目，其中，布朗向一群小学生问道："林肯总统是被谁暗杀了的，他的职业是什么？"这里说的正是暗杀林肯的演员约翰·威尔克斯·布斯。然而，这期节目出现了漏洞，被里根的竞选班子抓了个现行，结果自然适得其反，还让里根赢得了无数张同情票，结果，里根以绝对优势顶替布朗成为加利福尼亚州新一任州长。

里根是演员，这和刺杀林肯的布斯有什么关系呢？布朗的失误就在于"抓了芝麻，丢了西瓜"。

在辩论中，如果因为准备不足而出现漏洞，就等于把原有的主动权拱手让给了对方。得此良机，对方自然会毫不留情地反击，所以，漏洞往往是辩论胜败与否的关键转机。

在一起盗窃案的审判中，法官问一名窃贼："你在本市的两次盗窃中都偷走了哪些东西？"谁知窃贼却矢口否认，还说自己只是到市里来走亲戚，并非偷东西。面对窃贼的狡辩，法官问道："既然是走亲戚，那为什么说不上亲戚的名字？既然是走亲戚，为什么还随身携带匕首？既然是走亲戚，那为什么大半夜到处乱跑？既然说亲戚在市里面，那你在郊区乱转悠什么？"

"这……"听完法官的连续盘问，窃贼顿时瞠目结舌。

法官一看窃贼对自己的案情有狡辩的先兆，不等对方多做解释，通过四个铿锵有力且连珠炮式的提问，让对方的疑点一一暴露出来。这种先发制人的辩论技巧，不给对方任何辩驳的余地，可谓大快人心，也为案件的审理省了不少时间和人力方面的成本。

在辩论中，谁掌握了主动权，谁就会在辩词和心理上同时占据优势，而这是辩论胜利的关键。所以，在进攻过程中，一定不能放过任何一个可以对其穷追猛打的机会。一旦发现，就主动出击，方可一举取胜。

巧用类比，直指核心

要想在辩论的时候把话说到点子上，必要的大道理是不可或缺的，但是一味地讲道理，只会让大家反感，或许有一天连自己也会说腻。此刻，如果巧用类比法，既可以让自己的语言显得活泼生动，还可以抓住对方问题的核心，让事情的发展达到事半功倍的效果。

所谓类比，是指将有相似特点的事物连在一起，从而将它们共同的实质突出而又机智地揭示出来。

曲丹青在浙江经营着一家皮具制造厂，因为诚信经营，货真价实，生意也非常红火，不过这也引起了一些同行的嫉妒。

有一次，曲丹青在网上接到一个订单，要做4000个高级皮箱。后来，他和对方负责人见了面，并签订了合同，承诺两个月后交货，如果到时候没有按期完成或者皮具质量不符合合同的要求，需向对方赔偿高额损失费。

两个月后，曲丹青准时交货，可对方却刁难说："合同上明明写着定做皮箱，可你们生产的皮箱中有太多木料，所以不是皮箱。"说完后，对方还要求曲丹青赔偿他们高额损失费。曲丹青当然不会服软，拒不赔偿，结果对方立即向法庭提起控诉，并要求曲丹青按照合同要求赔偿损失。

虽然明知对方是在敲诈，但一时也不知道该如何为自己辩护。好在曲丹青的一个大学同学在杭州开了一家律师事务所，专门打一些行业欺诈和变相敲诈的案子，就派了一个经验丰富的老手协助曲丹青。在法庭上，只见这位律师什么也没有讲，而是把自己手腕上的金表举起来，高声地问法官："请问法官大人，我戴在手上的是一块什么样的表？"

"金表啊，可这和本案有什么关系？"法官不解地问道。

"我认为关系非常大。我想再问一下，这块金表除了表面的镀金之外，内部的零件、指针什么的也都是金制的吗？"

"当然不是了，这谁都知道。"还没等法官开口，台下的议论声已经一片。

律师接着说："既然这块金表并不是纯金的，那人们为什么还叫它金表呢？这和有木料的皮箱有本质的区别吗？据此，我想对法官大人说，原告纯粹是在无理取闹，想故意敲诈我的当事人。"

因为律师的出色辩论，原告也理屈词穷，最后还被罚款8000元了结此案。

这位律师在辩论中就非常巧妙地运用了类比的方法。他把金表和皮箱进行对比：金表并不会因为内部的零件不是金的就不被称为金表，同理，皮箱也不能因为里面有几块木料就不是皮箱。

辩论终究要考验双方的反应能力，很多人在说话的时候使用类比往往只是灵机一动，很少有时间去思考这种类比的合理性。因此，要想熟练掌握这种辩论方法，还需要在平时多下点功夫，避免让类比走入诡辩的歧途。

有一次，晏子即将出使楚国，楚王想当众羞辱他一番。

晏子来到楚国后，楚王请他喝酒，正高兴的时候，两个卫兵绑着一个人来到楚王面前。楚王问："被绑者何人？"

卫兵回答道："这个人来自齐国，刚犯了偷窃罪。"

楚王看着晏子问："齐国人都很喜欢偷东西吗？"

晏子起身离开座位回答道："齐国人在齐国勤勤恳恳地劳作，一到楚国，就开始偷盗，莫非楚国的水土能够让百姓养成偷东西的习惯吗？"

楚王见羞辱不到晏子，反倒让自己感到羞愧，于是笑着说："圣人真是不能同他开玩笑的，是我自讨没趣了。"

晏子开始并不知道楚王会用这种方式刁难自己，但却用了一个最恰当的例子对其进行了反击，不仅直接戳到了对方的痛处，还直指问题的核心。

偷换概念，移花接木

有些人一看到“偷”字，就感觉这种方法非君子所为。事实上，两千年前的孙武就已经知道“兵者诡道”的道理，更何况我们这些现代人。说话有原则固然没错，但在面对不同的人，针对不同的事时，要采用灵活的技巧还是非常有必要的。

所谓偷换概念，就是针对一些容易产生歧义的概念，做修饰语、所指对象等方面的改变。比如有人说“这个报告我写不好”，这句话的歧义就在于，到底是“我”写不好，还是“我写”不好。前者侧重于能力，后者侧重于身份方面的不适合。如果结合说话的具体场景，甲明明知道对方说的是前一个意思，却故意问“你写不好，那谁写合适？”这里面就运用了偷换概念的技巧。

再比如一个年轻人在逛公园的时候，不小心把一个木制的椅子给弄坏了，管理员让他赔，年轻人却反问：“为什么要我赔？”管理员说：“损坏公共财物就应该赔偿。”年轻人却说：“作为‘公共’的一分子，公共财产也有我的一份，刚才我弄坏的那个就当是我的那一份吧，总不至于还让自己赔自己的东西吧？”在这个例子中，年轻人故意混淆集合概念和非集合概念，因为“公共财产”是集合概念，也就是说它是无法分割的整体，而年轻人为了逃避责任却故意按照自己的想法把它当成非集合概念。

1926年，鲁迅到厦门大学教书并兼做研究工作，当时的校长林文庆经常克

扣办学经费，本想有所作为的鲁迅对此非常不满。一次，林文庆把研究院的负责人和相关教授都找去开会，提出要缩减经费。虽然大家都提出了反对意见，但林文庆依然不予理睬，反而无情地说："学校的经费都是有钱人出的，你们在这嚷嚷有什么用。只有有钱人，才有发言权。"

这时，在一旁已经忍了很久的鲁迅走出来，顺手从口袋里摸出两个银圆放在桌子上，振振有词地说："林校长，我有钱，现在可以发言了吧。"林文庆压根没想到有人会来这么一出，顿时手足无措，不知如何是好。

紧接着，鲁迅有理有据地把缩减经费的弊端系统地讲了一遍，教授们纷纷点头。林文庆一时也找不到可以反驳的理由，最后只能作罢，并收回自己缩减经费的主张。

在这个故事中，谁都知道林文庆讲的"有钱"和鲁迅说的"有钱"完全就是两码事，但鲁迅巧妙地利用了人们潜意识里对"有钱"的直观理解，为自己的发言找到了一个合情合理的理由。

移花接木与偷换概念类似，但依然有自己的特点，它是通过剔除对方论据中不好的一部分，换上对自己有利的点，进而达到四两拨千斤之效。比如，在辩论场上，一方为了证明"行"比"知"难，就说道："要是行简单，孙行者为什么不叫孙知者？"另一方顺势说道："对方辩友可能不知道，孙行者只是大圣的小名，他还有一个法名叫'悟空'。'悟'是不是'知'的意思？法名是不是比小名更正式？所以，按照你们的逻辑，大圣也认为'知比行难'，对吧？"

在一般的辩论中，移花接木的难度较大，用的人不多，但真正用到位了，其说服力极强。当然，辩论现场风云变幻，不是随时都有"悟空""行者"这样的素材可供提炼，所以，更多的"移花接木"需要从对方的观点、立场中进行归纳和演绎。

Chapter 11

第十一章
攻守有方，天下没有谈不成的事

与辩论那种你死我活的零和游戏不同，谈判的目的是为了在不损害自身利益的情况下让双方利益最大化。当然，维护对方利益并非你的义务，如果不懂得谈判的技巧，对方甚至还会明目张胆地损害你的利益。所以，即便不是为了让自身利益最大化，也不应该吃一些因嘴巴没跟上而在实际利益方面受损的亏。把谈判的话说到点子上，除了具备相关领域的专业知识外，还需要一定的阅历、经验，这就要求谈判者在正式谈判前要做足功课。

适时沉默，汇聚力量

沉默既可以表示无声的赞许，也可以表达强烈的抗议，所以沉默可以蕴含丰富多彩的内容，运用得当就是拿最小的成本换取最大的利润。当然，沉默并非模棱两可的表现，反而能在一定的语境中，表达出异常明确的态度，从这个层面讲，沉默也是话语的延续，内容的升华。

艾华是一名职业律师，他全权代表自己的客户与一家保险公司交涉相关赔偿事宜。

理赔员先发话："艾律师，我知道你口才很好，而且在涉及巨额款项谈判方面的经验也很丰富，但恐怕我们无法接受你们的开价，我们公司只能开出10万的赔偿金，你觉得怎样？"

根据以往的经验，艾华知道无论对方开出怎样的条件都应该对其表示不满，此时，没有比沉默更好的表达不满的手段了。所以，艾华表情严肃，沉默地看着对方。其实，谈判过程中的讨价还价是高潮部分，此时的沉默也暗示着对方提出第一套方案之后，会根据你的反应来判断是否再拿出第二套、第三套方案。

果不其然，理赔员等了一会儿，看艾华始终不做表态，有点沉不住气了，说道："抱歉，请不要介意我刚才的开价，12万你觉得如何？"

艾华沉默了一会儿后说道："抱歉，接受不了。"

理赔员继续说道："那13万总可以了吧？"

艾华依旧沉默了一会儿才开口说道："13万？嗯……我不清楚。"

理赔员显然是有点心慌了，因为这个案子如果再拖下去，对自己公司的形象就会造成负面影响。思索了片刻，理赔员又开口说道："好吧，那就14万吧，再多的话就超出我们可以忍耐的极限了，到时候只能让法院来解决了。"

艾华感觉对方确实已经做出了最大的让步，而且也已经达到了委托人13万的最低赔偿要求，决定是时候"收网"了。但他没有立刻答应，而是又沉默了一会儿，表情还很严肃，甚至有点愁眉不展，最后说道："我知道你们也是在尽最大的力量解决这一问题，但我也有自己的使命。这样，你们就赔偿15万吧，今天这个事情做个了断，回去后，你向公司汇报，我向自己的委托人说明，说不定咱们以后还有更多的合作空间。"

就这样，一场充满沉默的谈判，让对方的赔偿金增加了50%。

谈判是考验脑力和耐力的场合，双方要互相揣摩对方的心理，并就对方的反应做出灵活机智的应对。在谈判过程中，如果一方不表明自己的态度，只用沉默或"不知道"应对，就会给另一方造成不必要的心理干扰，进而让对方提出有利于自己的条件。在上述谈判中，艾华就是利用这一战术让保险公司的理赔员不断为赔偿金加价。

当然，谈判也不一定是在桌子旁展开一对一的正面交锋，也可能是生活、工作中的琐事，此时，巧用沉默也可以达到震慑对方的作用。

老谭是某公司的领导，某天交代秘书小张去办一件紧急又棘手的差事。当然，老谭知道小张有这个能力去做好这件事。不过，与以往的唯唯诺诺不同，小张这次竟然和老谭谈起了条件，还抱怨工作累、时间紧、任务重。其实，对于小张在态度方面的这种转变，老谭心里很清楚，就是因为和他同时来这家公司的一个小姑娘因为办事勤恳，不到半年时间就升职加薪，而自己虽然工作也很勤快，但领导一直都没有表态。老谭平时很随和，也很少给下属脸色，但这次为了降降小张身上的锐气，在他们“谈判”的过程中一直保持沉默，而且还用眼睛直勾勾地盯着小张看。小张刚开始还底气十足，结果越到最后越语无伦次，最后连自己都不清楚怎么就拐到了向老谭保证说：“您放心，我保证完成您交代的工作。”

其实，沉默也并非完全不说话，有时候也可以通过转移话题来表达不满或者不屑，让对方意识到自己的想法有点出格，从而自动回避。总之在和别人谈判的时候，巧用沉默也会获得意想不到的能量。

谈判前的谈判要到位

运动员在正式比赛前都会做热身运动，目的是让身体在接下来的运动中快速适应，进而争取到最好的成绩。同样，正式谈判前如果有条件，最好先和对方进行一场非正式的“谈判”，比如通过寒暄营造良好的氛围，聊一些和谈判无关的话题来获取谈判对手更多的信息等。这些被人们称为非实质性的谈判从表面上看价值和意义不大，但它的潜在影响会贯穿整个谈判过程，对谈判双方的情绪、思想，甚至行动等都有莫大的影响。

松下电器创始人松下幸之助刚出道时，就曾经因为经验不足被对手以寒暄的方式探到了自己的底细，导致自己的公司蒙受了巨大的损失。

当时，松下幸之助第一次去东京找批发商谈判，结果刚一见面谈判还没正式开始，批发商就走到他面前，非常友善地寒暄问道：“我好像以前没有见过你，咱们应该是第一次打交道吧？”一般情况下，批发商在遇到自己不熟悉的面孔时，都会试探着问一下对方是老人还是新手，这样就可以在接下来的谈判中占得先机。因为缺少经验，松下非常礼貌地告诉对方自己是第一次来，什么也不懂，还请对方多多关照。就是这种或许在有些人看来极为平常的寒暄，让对方像获取重要情报一样抓住了要点。在正式谈判时，批发商直接问松下他的产品打算以什么样的价格卖出，松下如实告知对方说：“我的这些产品做工精细，成本是15元，我打算卖20元。”

谈判过程中，批发商也揣摩到了松下急切在东京打开销路的愿望，便趁机开始杀价，说道：“你可能对东京的行情还不了解，这里的竞争远比你想象的激烈，每件17元怎么样？”

松下既不了解对手的情况，也不了解东京的行情，就这样和对方达成了协议。后来松下才意识到，自己在这笔交易中吃了大亏。

松下在和批发商的这场谈判中之所以吃了大亏，问题的关键在于谈判前的“谈判”，当时对方以寒暄为名，探出松下的底细，进而在正式谈判中加以利用，占据了主动。可见，寒暄宜自然，但不可随意，否则吃亏的还是自己。

在美国有“销售权威”之称的霍伊拉很擅长在谈判中利用寒暄话题达到自己的目的。一次，他被派往一家百货公司拉广告，事先获悉这家公司的老板会驾驶飞机。接下来，在和这位老板见面做自我介绍时，顺口问了一句：“你是在哪家机构学习驾驶飞机的？”就这样，一句话触动了对方的兴致，结果整个谈判的氛围都非常活跃，最后不但广告拉到了，而且霍伊拉还被邀请乘坐对方的飞机，日后还和对方成了非常要好的朋友。

事实上，一个有经验的谈判者可以利用谈判前或者谈判中的各种间隙挖掘对手的信息，包括兴趣爱好、行事风格等。知道了这些，就能够轻易地把话说到对方心里，让谈判过程保持自然、流畅。

正所谓“知己知彼，方能百战不殆”，所以在谈判前不仅要非常熟悉自己的业务，还要尽可能多地了解对方。一般性的社交聊天，可以先从轻松的小事谈起，再根据各自的兴趣转换话题。在商务谈判中，因为目的性很强，所以即便是谈判前的聊天，也不能过于随意，而是时刻围绕有利于业务开展的方向进行。社交性质的谈话最好生动、幽默，而商务性谈判要始终围绕一个中心做严密布局。

有时候，能否掌握充足的资料，不仅关系己方能不能做出最佳的决策，还影响着能不能在谈判时说服对方，所以，谈判前的“热身”就显得尤为重要。谈判前收集到的和谈判主题、对手相关的资料越多，谈判桌上的优势就会越明显。

以退为进巧示弱

中国有句老话叫“过慧易夭，情深不寿”，同样，过于强势反而会对自己不利。特别是在谈判桌上，有时候双方较量的不是临场的应变力，谁更强势，谁的声音更响亮，而是看谁更讲究策略、更能耐住性子。谈判桌上有两种人最难对付：一种是反应敏捷、伶牙俐齿的强者，一种是反应迟钝、犹豫不决的愚者。真正的愚者恐怕永远也做不到强者的气场，但精明的强者却可以伪装自己，让自己看起来像弱者。

两家分别来自日本和美国的公司进行谈判，从早上9点一开始，整个局面就被美国公司的谈判代表牢牢地握在手里，他们还时不时地向日本公司的谈判代表发问。他们通过播放PPT详细地介绍各种图表、数据，但是日方代表一言不发，只是静静地坐在那里听着。两个小时后，美方代表关掉了放映机，心想日本人应该不会有什么反对意见了，便询问日方代表的看法。

一位日方代表面带微笑，略显失望地说了一句：“我们还不太明白。”

“不明白？你能说一下是哪一块不明白吗？”

“都不明白。”

美方代表压住心中的怒火，问道：“能说具体一点吗，从哪里开始不明白的？”

这时，另一位日方代表说道：“就是从你们打开放映机开始播放的时候就不明白。”

美方代表顿时傻了眼，问道：“那怎么办？”

第三位日方代表说：“那就劳烦你再讲一遍吧！”

眼看马上就到吃中午饭的时间了，而且刚才是用了两个多小时才讲完的，如果再讲一遍，不知道要到猴年马月。美方代表就像泄了气的皮球，最后不得不放低要求，和对方达成协议。

美国公司准备得很充分，显然是有备而来的，日方代表如果和他们正面交锋，很难占到便宜，所以他们采用以退为进、大智若愚的办法，从侧面进攻对方的心理防线，最后如愿。

19世纪末，一家法国公司准备在哥伦比亚的巴拿马省开一条连通大西洋和太平洋的运河，经过谈判，最后双方达成了协议。工程如期开工，但该项目的法方负责人很快就发现，因为当地地形恶劣，工程进度比预想中的慢。没过多久，公司就因资金短缺导致运营陷入了困境。最后，综合考虑之下，法国公司不得不决定将巴拿马运河的开凿权准备以1亿美元的价格卖给美国政府。美国方面早就对巴拿马运河产生了浓厚的兴趣，此时却故作姿态，拿出一份报告说在尼加拉瓜开凿运河更省钱。报告中提到如果用1亿美元购买巴拿马运河的开凿权，还不如在尼加拉瓜开运河。

法国公司对美国政府的这种潜在想法大吃一惊，同时也担心美国政府会退出，就同意削价，只需4000万美元就可以了。

对于这样的价格，美国政府仍然感到不满意，就又提交了一套方案，说如果美国政府能同哥伦比亚政府达成协议，就同意开凿，否则还会选择尼加拉瓜。

这样，哥伦比亚政府也坐不住了，最后勉强同意以100万美元的价格长期租给美国一条运河区，美国每年另付10万美元的租金即可。

美国政府就这样，用“以退为进”的策略，让法国公司和哥伦比亚政府屈服，以低价攫取了巴拿马运河的开凿和使用权。

以退为进巧示弱就是让对方看到自己的“弱势”，从而让他们放松警惕，这样就容易掌握对手的真正意图。这个时候再想用什么方式取胜就是技术问题了。很多情况下，经验丰富的谈判高手的心理很难被摸清，这时就需要用分析和推断来为对方“把脉”。如果对方有打持久战的意图，不妨冒险以退出恐吓对方，等打破僵局后再谋出路。

想让对方在关键问题上让步就不要急于表现出来。当然，你可以在较小问题上先让步，不过最好不要草率，以免对方看出你的意图。谈判过程中需要吊对方的胃口，只有那些他们真正努力争取过的东西，才会让他们满意。所以，让步之前，先让对方争取。

能坐在一起谈判就说明需求是双向的，明白了这个道理，就应该利用对手的弱势，在谈判中采取以退为进的策略，弱化自己，隐藏企图。最后，等对方的忍耐到了一定地步时，再抓住机会迫使对方就范。

软硬兼施演双簧

在谈判过程中，一味地和气、退让，有时并不能赢得对方的尊重、信赖，反而会让对方觉得你软弱；如果一上场就态度强硬、咄咄逼人，也会让对方觉得你缺乏诚意，从而给人留下不好的印象。此时，正确的做法就是“软硬兼施”。特别是在商业谈判中，强硬可以让对方感觉到你的决心，柔软可以让对方感觉到你的诚意，从而增进友谊，加深信任。

软硬兼施可以由一个人完成，比如先礼后兵，再由强变软，这样一波三折之后来促使谈判成功。事实上，软硬兼施如果由两个人来完成效果更佳，这就有点类似于双簧。双簧是曲艺的一种，一般由一个人表演动作，另一个人藏在表演动作者的身后或说或唱，互相配合。现在也比喻双方串通的活动，由一方出面，另一方背后操纵。不要以为双簧只有演员会演，事实上，很多谈判高手都是演双簧的达人。

在谈判过程中，由一个人扮演强硬派，也就是我们常说的“红脸”，在谈判开始时果断提出高要求，并坚决不退让；另一个人扮演温和派，即“白脸”，当谈判进行不下去的时候，他出来圆场，并负责寻求解决的办法。

伍斌是一家公司的销售总监，一次他们公司和一家大客户准备签订一份非常重要的合同，眼看马上就到签署日期了，结果代理费还没有谈出一致的结果。如果公司让步，就意味着每年多付几十万，相当于公司年利润的五分之一。

面对这种严峻的形势，伍斌想到了一个好办法。他决定让总经理出面和自己演一出双簧。总经理扮演红脸，态度坚定，激怒对方；伍斌扮演白脸，充当和事佬，挽留对方。刚开始，总经理还觉得这个方法有点冒险，后来听了伍斌的分析，觉得可以一试。原来伍斌已经对那家公司做过调查，得知自己的公司也是对方极力争取的客户，所以他们不会因为对总经理的印象不好就终止谈判。

谈判当天，总经理直接进入主题，并态度强硬地表明了自己的立场："最高6%，一边是高利润分成，一边是高额加盟费，咱们还要不要合作了？不要嫌我脾气不好，多少公司都是这样谈的。如果要继续合作，你们就拿出点诚意，要不然我们非被你们这一棍子打懵了不可。"为了加强语气，总经理甚至拍着桌子说："就是这个价格，一分钱都不能让了！"

对方负责人听完后脸色发青，十分尴尬。这时，总经理站起来说："我实在是不想和你们再谈了！"说完，转身拉开门就出去了。

接下来，会议室鸦雀无声，场面十分尴尬，会议也不了了之。

当天晚上，伍斌给对方负责人打了个电话，说道："你们先消消气，我们总经理性子是急了点，不过他也是对事不对人。咱们是做生意的，又不是斗气的，你看这样行吧，咱们明天再谈，这次我来和你们谈，怎么样？"

对方感觉伍斌态度谦和，说话也让人感觉舒服，就同意了。

第二天，伍斌准时到达会议室，而且为了强化他们对总经理的坏印象，还特意穿了一件和总经理款式一样的西服，唯一的区别就是颜色不同。

对方负责人先发话："昨天你们总经理提出的6%我们无法接受，我们只能让到10%。"

伍斌面露难色地说："你们说的10%也超出了我的权限，如果非要这样，那就不得不请出我们总经理了。"

一听还要请总经理，对方脸色顿时就变了，说道："要不这样吧，还是和你谈，价格咱们再商量一下。”接下来，双方谈判时，伍斌始终保持微笑，语气也彬彬有礼，双方的谈判也十分愉快，最后价格定在7%，比总经理预想的8%还好一点。

显然，把伍斌和总经理的面孔分开来看，并没有什么奇异之处，合在一起则产生了神奇的效果，这就是双簧的奥秘。采取这种策略的时候，双方一定要配合默契，在重大问题上要事先约定形成共识。什么时候应当强硬，什么时候应该妥协；什么条件是己方必须要遵守的，什么条件是可以为了对方做出让步的。当时机成熟，火候到了，就要果断出击。

商业谈判中，还可以把双簧倒过来演，比如，你先在不太重要的问题上让步，然后在关系重大的问题上由你的同伴出面。此时，你的同伴会对你说：“刚才你已经很慷慨了，但在这一点上，你不能再让步了，因为我们已经让的够多了。”此时，你看着谈判对手为难地说：“你也看到了，我已经尽力了，接下来就由你们决定吧。”这种把戏或许会被经验丰富的谈判者一眼识破，但在长时间紧张谈判的压力下，往往也能奏效。

有耐心才能赢

柏拉图曾经有句名言："耐心是一切聪明才智的基础。"事实上，这样的聪明才智如果发挥得当，在谈判桌上会爆发出更大的能量。人们一般把谈判结束的时间称为"死线"，各方的底线让步往往也都会在这个时候体现，所以这条死线对谈判的意义重大。这个时候，大多数谈判者都希望通过软磨硬泡让对手屈服，这就需要极强的耐心。最后一刻，谁的耐心更强，谁成为最后赢家的可能性就越大。

美国曾就撤军问题和一个小国进行谈判。当时美国正处在总统竞选的关键时刻，小国不愿意把战争无限拖延，在谈判桌上，尽管内心焦急，依然耐心等待，用软话稳住美方代表，还故意装出一副很随意的姿态用一些不痛不痒的闲话消磨时间。迫于国内外形势，美方最后实在是不想再在这件事上耗费精力了，最后被迫妥协，而小国也抓住这一机会，狠狠要价，并达成了最终的协议。

不得不说，正是因为耐心的缺失，让美方在谈判桌上陷入被动。经历过持久谈判的人都应该知道，谈判是对脑力和体力的双重考验，如果脑力相当，那么谁先丢失耐心，谁就率先出局。

有位议员在一次会议中投了对一项决议的赞成票，而这项决议本身对自己政党不利。第二天，这位政党领袖就气冲冲地来到这位议员的办公室，大骂对方是叛徒。

议员当时正在低头写一封信，见这位政党领袖进来对其怒骂也没抬头，好像对方根本不存在。看议员如此无礼，这位政党领袖更是生气，不顾办公室其他职员的反应，故意提高嗓门，说出更加难听的话对议员进行辱骂。其他职员见此情景，心想这位议员一定恨不得拿起旁边的墨水瓶朝这位骂人的政党领袖砸过去，不过，依然是什么都没发生，议员依旧在埋头写东西。

政党领袖有些纳闷，就绕着这位议员的座位走了一圈，回到原位后又将其痛骂一番。虽然政党领袖不断重复着那套盛气凌人的指责，但议员就是不抬头看他一眼。当政党领袖骂累了，感觉没意思打算离开的时候，议员才停下手中的笔，抬头冲着对方笑了一笑，说道："干吗急着走啊，你的愤怒都发泄完了吗？"

政党领袖看着对方，竟然一时语塞，不知道该说什么好。

必须承认，这位议员很聪明，而这或许也是他耐心的源泉。他深知一个盛怒之人，如果没有遭到反击，肯定持续不久。那位政党领袖怒气冲冲地来找议员，根本没有理性可言，如果硬是和对方讲道理，只会让矛盾更加激化。所以不言不语就是和对方最高明的较量。

谈判桌上，不妨多采用议员的方法，面对他人的无礼攻击，要耐住性子，不理不睬，到最后对方只会自讨没趣。有些经验丰富的谈判专家，越是在对手急不可耐的时候，越能让自己变得冷静，因为他们知道这个时候很关键。对方的急如果起不到效果，势必返回去伤到自己，而你的冷静就是对手最不愿看到的。做到这点，基本不用再做其他动作，就可以让对手方寸大乱。

谈判时，首先要划分阶段，其次要有重点、有详略、有先后。即便开始时的阻力较大，也要将争议最大的部分放在最初的阶段去解决。只要有足够的耐心坚持下去，谈判就会势如破竹，从而得到自己想要的结果。

欲擒故纵巧达目的

谈判时即便自己在各方面的立场都占优势，也不要一下子把对方的路堵死，留一条退路给对方也是非常重要的。这样做，可以作为让对方退出谈判的借口，也算是给对方留的面子，毕竟谈判终结不意味着关系的终结。这种被称作“欲擒故纵”的谈判术，具体做法就是：心里想要，脸上故作轻松，一副满不在乎的样子；或故意说反话，让对方在没有任何压力的情况下，快速跟你达成你想要的协议。

明朝有个状元叫杨开庵，是四川人，因为讽刺过皇上，便被皇上降旨打算发配到很远的地方充军。杨开庵想，如果充军不可避免的话，那还是离家乡近一点好，于是去求见皇帝。

杨开庵说：“皇上发配我充军，我也没啥说的，反正在哪里都是为皇上效劳。不过我有一个小小的要求。”

皇帝问：“什么要求？”

杨开庵说：“随便您把我发配到哪里都行，只要不去云南碧鸡关（今昆明）。”

皇帝问：“为什么？”

杨开庵说：“皇上有所不知，那个地方的蚊子有四两，跳蚤有半斤！这些都是我平生最讨厌的，所以切莫让我到那里充军呀！”

皇帝心想：哼，你怕到碧鸡关，那我就偏叫你去。于是皇帝就下旨把杨开庵发配到碧鸡关充军了。

杨开庵很懂得皇上的心思，他知道如果自己直接说要去云南碧鸡关，皇帝肯定不会同意，便故意说自己不想去那里。这样，杨开庵利用皇帝的逆反心理，轻而易举地达到了自己的目的。

1925年，贺龙在湖南澧州任镇守使，没收了一批英国商人偷运的军火和鸦片。为此英国驻华大使馆的官员由省政府官员陪同，找贺龙交涉。只见那位英国官员异常傲慢地说："我们国家的商人在你们的土地上守法经营，现在财物被你们抢劫一空，希望你能给出一个公平合理的处置。"

贺龙也不甘示弱，有条不紊地说："那就劳烦阁下写一张丢失货物的清单吧。"英国官员以为贺龙真要追还被没收的走私商品，就一件件写了起来。这时，走过来一个军官向贺龙报告说英国人的货里有不少弹药和鸦片。贺龙一听，就对英国官员说："请你把弹药和鸦片也写上去吧！"英国官员照办后并签了名。贺龙接过清单，脸一沉，说道："我正在追查私运这批军火、倒卖毒品的罪犯，没想到你们自己竟然找上门来了！我现在正式宣布，你们违反了中国的法令，现在要向国际法庭控告你们！"英国官员一听张口结舌，狼狈不堪。

从以上两个案例中我们不难看出，谈判者要善于布置陷阱，并给对手某些虚假的暗示，让它具有一定的诱惑力，目的就在于收集对方更多的信息，从而掌握谈判的主动权，这就是欲擒故纵的应用。

在应用欲擒故纵的策略时，务必要保持半冷半热、不紧不慢的状态。比如日程安排上不显急切；当对方态度强硬、表现嚣张时，采取"不怕后果"的轻蔑态度等。采用欲擒故纵的策略时，如有运用到假象，就务必在上面多下些功夫，让它看起来跟真的一模一样，不要因为过于粗糙而引起对方的怀疑。这其实也借助了人们惯有的一种心理：信息的来路越是曲折，或者说手段越是不正当，其真实性也就越大。所以，最好通过非正式渠道传播，经第三方之口发布，这样对方反而更加容易相信。

Chapter 12

第十二章
话是软实力，说靠硬功夫

王阳明在阐述知行关系时有过一段精彩的描述："知是行之始，行是知之成。"套用说话也有同样的妙处：话是说之始，说是话之成。话在说之前已经在脑中酝酿，在心中盘算，说只是将话进行实践的过程。说什么话从本质上体现了一个人内在的涵养，亦是其实力的体现；话怎么说从本质上讲也体现了一个人外在的修养，亦是其功夫的体现。软实力要在平时多学，硬功夫要在日常多练，唯有如此，才会明白话的点子是什么，以及如何把话说到点子上。

读书破万卷，说话如有神

曾在美国哈佛大学担任校长一职长达30年之久的叶落特博士曾经说过这样一句名言："我只承认一件事情，即凡受过教育的人在知识上所应得的财富就是能够正确、优雅地运用本民族的语言。"如果杜甫泉下有知，他应该感到欣慰，因为这句话弥补了他在《奉赠韦左丞丈二十二韵》中所写"读书破万卷，下笔如有神"的短板。现在看来，靠读书增长知识比较明显的两大好处就是在谈吐和下笔方面有着超出常人的水平。

"头悬梁，锥刺股"的故事在中国可谓家喻户晓，但所指何人想必很多人都不太清楚。其实，用这里面的故事阐述读书与说话技巧方面的关系再合适不过。

战国著名政治家苏秦在年少时，读书不精，学问不深，但心高气盛，为求得一官半职，不惜变卖家财，结果四处碰壁，最后钱财消耗殆尽，不得不回到家乡。家里人看到他衣衫褴褛，狼狈不堪，都不愿意搭理他。苏秦父母痛骂他；妻子坐在织机上织帛，不愿看他；嫂子给他做饭，但不搭理他。苏秦深受刺激，决定发愤读书，将来有一天可以出人头地。有时候他读书读到半夜，又累又困，为防止瞌睡，就用锥子扎自己的大腿，或者把头发用带子系起来拴到房梁上。学成后，他到六国游说，宣传"合纵"的主张，并促使六国诸侯订立了合纵的联盟。而苏秦也身挂六国相印，成为显赫一时的人物。

如果不是苏秦在家“头悬梁，锥刺股”地努力，肯定不会有后来的成就，而读书赋予他的能力，也是魅力。

英国的约翰·伯莱特15岁时被迫辍学，之后再没有重返课堂接受正规的教育。不过，他不仅可以把英语讲得炉火纯青，也能够把莎士比亚的名剧倒背如流，还可以对拜伦、雪莱的长诗进行深度思考。原来，他只要一有空就去图书馆，而且每天都温习一遍《失乐园》，以此扩充词汇量，提升语言的表达能力。后来，当他成为19世纪英国最伟大的演说家时，这样回忆道：“每逢走进图书馆，都感觉人生短暂，恨不得把所有喜爱且珍贵的书都读一遍。”

一个胸无点墨的人，在表达方式、说话技巧方面肯定会有不足，除了自己无法说出精彩的观点外，也很难对他人的问题做出从容的应对。我们不可能为了把话说到点上，对所有关于说话技巧方面的书籍都了然于胸，也不可能把所有的学问都研究得异常精湛，但可以采用“泛读”的方法来扩大自己的知识面，等到需要的时候，随便从中选择一个点，有可能也是灵感的来源。

李泌是唐朝中期的神童，也是员半千的小舅子，从小就深得长辈们的厚望。他天赋极高，学什么都快，而且博览群书，7岁时就能写文章。

唐朝对佛教的态度很开放，而且大部分皇帝都很喜欢探讨这方面的学问。有一次，唐玄宗召集佛、儒、道三家学识渊博之人到皇宫内就某一问题进行辩论。其间，一个9岁的小孩在讲坛上语出惊人，令人赞叹不已。唐玄宗知道小孩是员半千的孙子，就不觉为奇。

他问员半千：“你的孙子如此聪慧，不知这世上还有像他这般的孩子吗？”

员半千随口说出了他的小舅子李泌。唐玄宗便下令召其入宫。

李泌入宫时，唐玄宗正在和燕国公张说下围棋。这时，唐玄宗朝张说使了个眼色，张说便问李泌："你能用'方、圆、动、静'这四个字来说一下围棋的道理吗？"

李泌拱手问道："大人，能否说得再具体一些？"

张说道："你看，这个棋盘是方的，棋子是圆的，棋活为动，棋死为静。"

李泌想了一下说道："行仁义依规则是为方，用才智当圆滑是为圆，展才能要灵活是为动，得逞后要冷静是为静。"

听李泌说完，众人脸上都露出惊叹之情。

如果没有点真才实学，李泌不可能把话说得如此深刻；如果没有博览群书，他也不会把比喻、对比用得如此恰当。当然，台上三分钟，台下十年功，李泌虽然年纪不大，但也是日积月累才会有这样的功底。

现在，随着科技的发展，人们获取图书的渠道也越来越多元化。但不管是到图书馆借书，还是在手机上看电子书，只要养成随手标记、定期汇总的习惯，时间久了，这些东西就会成为你谈资方面的无形资产。

俗语不俗

俗语就是由群众创造，并在群众中流传，具有口语性和通俗性的语言单位，是通俗并广泛流行的定型语句，简练而形象。之所以叫他们俗语，是因为这些话在日常说话中很常见，但这并不意味着它们低俗。相反，有时候，当我们无法恰如其分地把自己想表达的意思讲清楚时，可以借助一个大家都知道的俗语来解释，或许会有“柳暗花明又一村”之感。

俗语语言风格生动活泼，细究又会发现其富含哲理，不管是用于阐述，还是解释，都会简单明了，还会给人留下深刻而良好的印象。

为了能够把话说到点子上，巧用俗语固然不错，但是也不能乱用，否则会造成尴尬。下面是在应用俗语方面的一些经验之谈。

1. 使用俗语前需弄清其含义

有些俗语的出处比较久远，其实际意思可能和人们理解中的表面意思相差甚远，所以应用的时候一定要分清语境、场合。比如，“吃不了兜着走”原是出了问题要承担一切后果的意思，不能只根据其字面意思来理解。不过，有时候在一些比较自由的场合，和朋友吃饭，开个玩笑，用这一俗语，虽然在语义上不妥，但幽默效果却很好。

十多年前，中央电视台播放了一则号召大家在餐馆吃饭不要浪费粮食的公益广告，当时央视有名的给唐老鸭配音的李洋就说了句：“吃不了，您兜着走啊。”此语一出，立刻让人们感觉很有创意。

2. 运用俗语切忌感情不当

俗语本来是为了增强语言的表达效果，但用的时候需要综合考虑整个句子的语境，特别是要明确句子的感情色彩，不能望文生义，否则会弄巧成拙。比如，“老张是咱们厂工作最卖力的，做起事来就像是老牛在拉破车，很让人敬佩。”本来是为了赞美老张的工作作风，结果用了一个贬义色彩浓厚的俗语，反而显得说话的人俗不可耐。

3. 运用俗语要分清时机、场合

俗语是民间相传的语句，口语化色彩十分浓厚，因此在做报告、演讲等比较严肃的场合，除非有调节气氛的必要，否则就应慎用。

俗语是我们文化的一部分，其丰富的内涵、多样的形式都是我们说话取之不尽、用之不竭的资源，不过用时须巧妙，它才能真的“不俗”。

下面就列举一些常用俗语及其释义：

吃不了兜着走：比喻惹出了事或造成了不良后果必须自己承受。

百闻不如一见：指听别人说多少遍，也不如自己亲自看一下。表示听得再多也不如亲眼所见可靠。

兵来将挡，水来土掩：指根据具体情况，采取灵活的对应办法。

打开天窗说亮话：比喻无须回避，公开说明。

聪明一世，糊涂一时：指一向聪明的人，偶尔在某件事上犯糊涂。常用来责怪别人办了不该办的事。

此一时，彼一时：那时是一个时候，现在又是一个时候。表示时间不同，情况有了变化。

吃枪药：形容说话态度不好，火气大，带有火药味儿。

拉大旗，作虎皮：比喻打着革命的旗号来吓唬人、蒙骗人。

高不成，低不就：高者无力得到，低者又不屑迁就。形容求职或婚姻上的两难处境。

眉毛胡子一把抓：比喻做事不分轻重缓急。

识时务者为俊杰：意思是能认清时代潮流的人，方可成为出色的人物。

名不正，言不顺：原指在名分上用词不当，言语就不能顺理成章。后多指说话要与自己的地位相称，否则道理上就讲不通。

尺有所短，寸有所长：比喻人都各有长处，也各有短处，彼此都有可取之处。

秤砣虽小压千斤：比喻外表虽不引人注目，但实际上很起作用。

实话虚说

实话实说固然没错，但有时候，实话虚说反而能收到更好的效果。正如台湾作家刘墉所言："虚说的话基本上还是实话，只是说的不够精确。很多人采用这种方法，既没撒谎，又避免了尴尬。"

宋海和刘芳正在谈恋爱，刘芳知道宋海以前谈过恋爱，就问他："我是你第几个女朋友？"宋海看着刘芳的眼睛，柔情地说："你是我的最后一个女朋友！"一句话，说的刘芳心里美滋滋的。

对于刘芳的问题，宋海如果回答具体的数字，难免会让自己陷入尴尬的境地。所以他用"最后一个"来应对，既回答了问题，又取悦了对方。对自己的恋人说她是自己最后一个女朋友肯定是实话，但用来回答"有几个女朋友"这样的问题显然很虚，但也不得不承认，这种"虚"也是女朋友希望听到的。

有个著名的节目主持人在生活中很低调，还经常坐地铁上下班。因为经常在电视上主持节目，坐地铁的时候难免会被人追问："你是电视台的那个主持人吗？"刚开始，主持人很礼貌地回答："是！"结果，每次回答完，都会有很多同车厢的人上来索要签名，时间久了，他感觉吃不消了。后来，他想出了一个好办法。这一次，又有人上来问他："你是电视台的主持人吧？"他笑着说："呵呵，大家都这么说。"乘客听完，误以为对方只是和那个主持人长得很像，也就没再纠缠，自动离开了。

面对热情的乘客，主持人因为实话实说，结果给自己带来了不小的麻烦。可身为公众人物，也不能当着大家的面说假话，索性就用一句半真半假的"虚话"来应对。不得不承认这位主持人很聪明，他巧妙利用了"大家都这么说"这句话的歧义，误导了大家的思维。这样一来，他既没有撒谎，也避免了不必要的麻烦。

有位美国学者来北京访问，分别参观了北京大学和清华大学。访问结束后，他在一家酒店接受中外媒体的采访，其间有位中国记者问道："教授，请问在你眼里，北京大学和清华大学哪个更强一些？"

这位学者略加思索，微笑着说道："北京大学的人文学科很棒，出过许多著名的文学家、外交官，他们的学术传统严谨，学术氛围也很自由；清华大学的理工科很棒，把理工科的任何一位教授放到其他一流大学，照样都是顶尖级的。这两所大学都有很多值得我们学习的地方。"

很显然，对于记者这样的问题，肯定不能生硬地直接回答。因为不管说谁好，都会遭受来自另一方的质疑，而不回答又显得不礼貌。这位学者表面上对记者的提问做了回答，但其实只是说了大家都知道的"虚话"，没有对两所学校的综合实力进行评比，而是针对它们各自的优点进行了赞美。问的人处心积虑，说的人避重就轻，听的人也无从挑剔。

2014年的黄磊可谓意气风发，先是他主演的电视剧《我爱男闺蜜》在国内热播，广受好评，紧接着他和女儿参加的《爸爸去哪儿2》更是让他赢得了"黄小厨"的称号。有记者就问他，在现实生活中，他是不是也是"男闺蜜"

的形象，黄磊笑着说：“最近几年，‘女汉子’‘男闺蜜’盛行，在我看来，这就是一个包装，柔弱才逞强，自信才示弱。”一句话，赢得了记者们的热烈欢呼和阵阵掌声。

记者问这样的问题自然是想从黄磊嘴里知道究竟“是”还是“不是”，但黄磊没有直接回答，而是巧妙地把大家的注意力转移到社会的普遍现象上。这样一来，具体问题就变为“虚化”的普遍性问题。紧接着，黄磊用一句颇有哲理性的话“柔弱才逞强，自信才示弱”引人深思。这样，他既表明了自己的态度，也塑造了自己自信、有担当的正面形象。

不管我们再怎么强调实话实说的重要性，都改变不了“说者无心，听者有意”的现实，所以，为了不给自己招惹麻烦，最好还是实话虚说，即把具体问题笼统化，从而让对方无法从你的话里找茬。既然是虚话，就很容易变得啰唆，进而给人一种不真诚的感觉，所以用的时候，还需注意场合、分寸。

说好“废话”，轻松增进双方感情

要想把话说到点子上，有一个基本的准则是简单明了，而且我们前文也提到了废话的危害，那么此处再讲废话不废是不是自相矛盾呢？事实上，非但不矛盾，而且在某些特殊的情况下，想要把话说到点子上，就必须讲一些废话，比如夫妻、情侣之间。

两个相爱的人天天厮守在一起，时间久了，互相之间的话题自然会减少，这是一种很正常的现象。问题的关键在于，话少了之后怎么办？事实上，这也是情侣之间经常会就一些很琐碎的事情“啰唆”的原因。在外人看来，他们的对话可能很幼稚，但这正是他们维系感情、加固关系的基础。

在一列由北京开往广州的火车上，一对在卧铺车厢的情侣正在窃窃私语。

女：“天气真热。”

男：“可不是嘛，现在是7月份，一年中最热的时候了。”

女：“我困了，可以睡一会儿吗？”

男：“当然了，要是困了就睡会儿吧！”

女：“那我是不是要把鞋脱了爬到上面去呢？”

男：“那当然了，谁会穿着鞋子睡觉呢？”

女：“那你可要帮我把鞋子看好哦，可别让小偷给偷走了。”

男：“你放心，鞋子现在在什么地方，你起来的时候我保证还在那个地方。”

女："那我睡觉了。"

男："闭上眼睛，做个好梦。"

客观来讲，这对情侣讲的差不多都是废话，因为两句话就可以解决的问题被拓展得像是一场辩论。不过，这是外人的感觉，而对他们来说，男生觉得有味，女生也会觉得有趣，所以这些废话就是他们的"宝贝"。试想一下，如果男生对女生的话很敷衍，对方会做出怎样的反应；如果女生什么也不说直接倒头就睡，男生会不会在那里多想。另外，即便是那些认为这些是废话的旁观者，真的有一天遇到了自己真心喜欢的人，处在相同的场景，肯定也会说些类似的废话。当然，与这对情侣一样，他们肯定也不会觉得这些是废话。

现代人们的生活工作节奏快，紧张感也与日俱增，回到家里如果不通过一些所谓的废话释放一下，时间久了，人肯定会生病。从这个角度来讲，夫妻、情侣之间的一些废话反而会起到消除疲劳、舒缓心情的作用。所以现在一些婚姻专家也提倡夫妻间平时说些废话，并把它们当作夫妻感情的调料。下班后或者平时节假日时，夫妻在一起可以对一些影视明星八卦一下，或者把自己身边发生的有关同事的趣闻之类的讲给对方听听。这些废话能让双方愉快地度过一个晚上或者哪怕一个小时、几分钟，都是莫大的收获。

说到这里人们也应该对废话有一个重新的认识，并为废话正名。不能信口开河地向他人宣导说废话多么无用，其作为一种增进双方感情的媒介而言，它确实不"废"。夫妻维系感情的载体很多，比如一个眼神、一个微笑、一举手、一投足。就像机器运转会因为某个载体失灵而停止运作，夫妻感情也会因为一方某个细微的地方没做到位而出现裂痕，此时废话就像是一剂灵丹妙药，能化腐朽为神奇，补裂痕于无形。

总之，在日常生活中，废话可以作为加深感情的催化剂，维持关系的润滑剂，活跃气氛的调味剂，有了这些，感情生活何愁不悦？

言之有物，才显真诚

想象这样一个场景，你走在街上偶遇一个许久未见的朋友，为客套起见，你跟对方说："有空了一起吃个饭。"你觉得朋友会当真吗？八成不会，因为朋友也知道你说的是句客套话。如果你说："这个周六晚上一起去西单刚开的一家火锅店吃顿饭吧？"这样朋友八成会当真，因为你说的话里有时间、地点、人物，所以你的邀请很真诚，这就是言之有物。

言之有物的话才显真诚，也会让人觉得你实在。以道歉为例，你说一百句"对不起"可能也不如用十句话把错的原因、如何弥补做一个简单陈述。当然，你说得越具体，也就显得越有诚意，获得谅解的可能性也就越大。

香港著名电影出品人和制片人向华强的夫人陈岚女士曾经请李连杰拍戏，谁知道开拍没多久就遭遇资金问题，不得不降低演员的片酬。陈岚随后向李连杰道歉说："公司出现资金问题是始料未及的，所以我也非常抱歉。你是我请来拍戏的，如果心里有什么不舒服的我也可以理解。你现在可以不拍，但之前答应给你的片酬永乐出。当然，你也可以选择继续拍，降低片酬后和你之前应得的差异我来补。"陈岚的歉意有安慰和理解，也有弥补的决心，算得上言之有物。李连杰听后当即决定继续拍戏，而且不要陈岚拿自己的钱补。

言之有物，话少不妨碍悦耳；言之无物，话多也不能动听，哪怕你真的是为别人好。有时候即便你说了为对方好，但如果不做具体说明，别人也还是无法理解。

当年，有家出版社找到台湾知名画家、诗人与作家蒋勋，想为他出书。然而蒋勋的老师却不赞同这种名利双收的事情。蒋勋不理解，就问其原因，老师解释说："当然，出不出书是你的自由，不过以你现在的能力、水平很难提出独特的观点，所以你的书即便出来了，也和书架上的其他书没有什么两样。相反，如果你抓住现在的时间，全身心地投入到钻研中去，到时候不管你是否出书，都可以在美学领域占有一席之地。"

听完老师的教导，蒋勋顿时明白了老师的良苦用心。

有时候，别人向你请教一个问题，不管问题大小，你都要言之有物，这其实也是对他人的一种尊重。如果可以的话，要告诉别人是什么、为什么以及如何去做等。把事情讲清楚了，别人自然会感受到你的真心。

杨元庆刚接手联想时，曾经向柳传志咨询管理员工的办法。柳传志对他说："你现在还很年轻，资历浅，很多老员工肯定不服你。但是联想能有今天，这些老员工是出了很大力的，而且联想日后的发展也离不开他们。我知道你性子急，如果和他们有意见上的分歧，不要针锋相对，上纲上线，而是心平气和地坐下来好好说话。对待老员工就像对待自己的父母一样，最终决策权在你手里，但你要尊重他们的建议和意见。如果有些问题实在想不明白或者不知该如何处理，记住一条，他们和你一样都是爱着联想的。所以，多从这个角度考虑或许会有意想不到的解决办法。"

柳传志的一番话让杨元庆获益匪浅，因为他讲得很深刻，也很详细。联想之所以能取得今天这样的辉煌，或许和柳传志这种言之有物的说话风格有很大关系。

总之，言之有物的话才是真话、实话、说到点子上的话。所以，言之有物才是真正会说话的体现。

勤学苦练是王道

这个世界上确实有很多天才，但没有谁天生就能把话说到点子上。想要在说话方面有所突破，对任何人而言，勤学苦练都是必经之道。

学习的对象和途径有很多，比如看书，在网络上搜索说话的艺术，在家里听父母怎么说，在学校听老师怎么说，走在大街上或站在地铁里，也不妨听听陌生人怎么说。只要有心，哪里都是学习说话技巧的课堂。那么，通过什么样的方法练习才能有效提高自己的说话技巧呢？下面就是几种简单、易行的方法，可供大家参考。

1. 不放过每一个练习机会

在这个世界上，唯一可以不劳而获的就是懦弱和贫穷。任何人要想在某个领域取得一定的成就，都必须勤于学习，甘于苦练，包括如何说话。说话的机会固然很多，但是真正有助于提升自己说话水平的机会有限，所以应该抓住生命中每一个机会，有了这种精神，说话水平的提高只是时间的问题。

美国前总统林肯年轻的时候，为了练习口才，不惜徒步30英里，到当地的一个法庭去听辩论。他一边倾听，一边模仿。有时候，他也会参加福音传教士的布道，看他们如何挥舞手臂、声震长空。没人说话的时候，他就对着树桩、地里的玉米进行练习。人们总是习惯于谈论林肯的幽默口才，却不知这都是他当年刻苦训练的结果。

2. 从背诵开始练习

这里所说的背诵包括两层意思，分别是“背”和“诵”。训练目的也有两个：增加知识储备以及练习表达能力。只有在大脑中储存了丰富的知识，说话时才能信手拈来。另外，背得越多，记忆力就越强，这对以后其他能力的培养也至关重要。“诵”作为一种表达能力的训练，要求在准确把握文章内容的基础上，声情并茂地说出来。

选择背诵内容的时候，一定要选择自己感兴趣的，并有一定深度可以促使自己思考的内容。这样，当你在对文章进行艺术处理时，才能声情并茂，和所背的文章融为一体。

3. 学会模仿

其实，小孩之所以很快就能掌握一门语言，很重要的一点就是他们的模仿能力极强。作为训练口才的模仿，可以向专人模仿，也可以任意选择自己觉得好的语速、语气、表情、动作等。在模仿中各取所长，再融入自己的一些特点、创意，就能达到青出于蓝而胜于蓝之效。

模仿是一种容易学、见效快的方法，适合各个年龄段的人去学习。不过，模仿的时候不要把它当作一种任务，而是一种乐趣，这样才会收到更好的效果。

4. 看图说话练口才

看图说话，即将所看到的图景借助想象力串成一个生动的故事。虽然看的只是眼前的图，但在描述的时候还要穿插一些生活中其他方面的图景，这样会更生动。

描述的主要目的就是练习语言的组织能力和语言的条理性。所以，在描述的时候，一定要抓住图景的特点，最好简洁、生动，能赋予其一定的文采。千万不要像流水账一样，毫无生气地讲解。

5. 讲故事练口才

俗话说：“看花容易，绣花难。”听别人讲故事绘声绘色感觉很吸引人，但是自己去重复别人讲过的故事时却是结结巴巴，没有一点吸引力。通过讲故事提升口才有诸多好处，因为讲故事对口才的要求是多方面的。故事里既有独白，也有人物对话，还有描述性的语言和叙述性的语言，所以讲故事可以训练多种口语能力。

在英国电视台的一次“英国史上谈吐最机智最幽默之人”的评选中，19世纪的英国作家王尔德被冠以“妙语之王”的称号。很多人以为王尔德的口才从小就很好，事实上这是一种误解。其实，出身名门的王尔德小时候性格内向、沉默寡言。后来，当他意识到“爱说话才会赢得伙伴，讲故事和交朋友是一件有趣的事情”时，他便开始精心收集奇闻逸事以及各种欢乐和忧伤的故事，并利用业余时间讲给同伴听。在讲述的过程中，他还不时地将自己瞬间迸发的奇思妙想融入其中，增强了故事的趣味性。即便像他那个年龄段很少涉及的领域，他也会大胆尝试，加以评说。正所谓量变产生质变，时间久了，王尔德就像换了一个人一样，变成了深受欢迎的能言善辩的大家。

训练口才没有最佳的方案，也没有一成不变的方法，在训练的时候也要根据个人情况的不同，选择最有利于自己的方法。有了方法，再加上刻苦训练，就会拥有好口才，从而在社交领域创出一片自己的天地。

POSTSCRIPT

后记

看这一篇之前，先在内心里面问一下自己：学习的目的何在？先不要管这和说话有什么关系，静下心来仔细思考这个问题。

当你学习到一项新的技能或者吸收了新的知识时，你打算怎么使用它们，或者说你究竟想得到什么？

你是想丰富自己的谈资，还是想让自己看起来在气度上更胜人一筹？如果你对学习只抱着一种单向的思维认知的话，那么这种认知有可能将你引向歧途。并不是这个问题的答案是错的，而是你应该意识到，丰富了之后呢，或者说有了气度之后呢？

所以说，知识需要和外在的环境相互关联，产生互动，这样你的行为才会产生新意，而学习也才会更有意义，更有动力。如果只是像记忆冠军一样把知识储存在大脑中，而不去在实践中应用，那么你已有的知识和现实就像两个毫不相干的世界。也就是说，学习丰富了你的内涵，但它不会影响你说话的方式。所以，方法的好坏是其次的，重要的是你到底做了什么。

就以看书为例，每个人都有自己喜欢看的书籍种类，比如文学、哲学、历史、管理、理财、旅游等。毫无疑问，阅读这些书籍会让你获取很多知识，例如通过这些学习你对莎士比亚有了初步的了解，也对“存在主义”有了概念性的认识，或者你也有了投资理财方面的小技巧。这样的学习听起来很有意义，但你是否想过这些信息对你有什么作用？

你所获得的知识是否与你的人生有效合作，进而让你的视野达到了不一样的高度？比如你去一趟英国，感受一下那里的文化气息和莎士比亚戏剧中的描述有多大的差异；你是否运用自己掌握的“存在主义”观念来解答自己在现实中的疑惑；你是否把理财方面的技巧应用到实际的财务规划中。还是说，你仅仅把它们当作新奇的事物，得到后就把它们锁在脑海里，仍然重复着原有的轨迹。

150年前，中国人提出的“中学为体，西学为用”最后宣告失败，但这并不妨碍我们今天再次将其拿出，并套用其框架，得出“知识为体，尝试为用”的观点。知识固然可以让我们更广泛、更深刻地了解这个世界，但要真正发挥知识的作用，就应该赋予它实践的机会。立足理论，建筑现实中的人生，这样知识才能够变为和自己融为一体的常识，进而汇聚成改变自己人生的力量。

成功就像一架梯子，知识是两边的长粗杆，实践是中间用于攀爬的横杆。只有长粗杆而没有横杆，再多的木头都做不成梯子；只有横杆而没有长粗杆，它们就是用来烧火的木头。知识和实践的道理一样。

学习并不是为了增长知识，而是助你更好地实际操练。实践会将诸多本与你无关的技能变为改变你的契机。本书就为你提供了一个学习的契机，书中所言都是智者思想的精髓。从今天开始，让书中所讲成为你日常所行，从而做一个真正把话说到点子上的说话达人。